Láska:
Naplnění zákona

Láska:
Naplnění zákona

Dr. Jaerock Lee

Dr. Jaerock Lee: **Láska: Naplnění zákona**
Vydavatelství Urim Books (Zástupce: Sungnam Vin)
73, Yeouidaebang-ro 22-gil, Dongjak-gu, Seoul, Korea
www.urimbooks.com

Všechna práva vyhrazena. Tato kniha ani žádná její část se bez předchozího písemného povolení vydavatele nesmí žádným způsobem množit, ukládat do vyhledávacího systému nebo jakoukoliv formou či jakýmkoliv způsobem rozšiřovat, ať už elektronicky, mechanicky, fotokopírováním, nahráváním nebo jinak.

Pokud není uvedeno jinak, všechny citace z Písma pocházejí z Bible svaté, ČESKÉHO EKUMENICKÉHO PŘEKLADU, ®, Copyright © 1995 vydaného Českou biblickou společností. Použito s povolením.

Copyright © 2020 Dr. Jaerock Lee
ISBN: 979-11-263-0532-2 03230
Copyright překladu © 2014 Dr. Esther K. Chung. Použito s povolením. (Do českého jazyka přeložila Ing. Lenka Bartelová.)

První vydání Únor 2020

Předtím vydáno v Koreji v roce 2009 vydavatelstvím Urim Books, Soul, Korea

Úpravy: Dr. Geumsun Vin
Vnější úprava: Vydavatelství Urim Books
Tisk: Tiskařství Prione
Více informací získáte na: urimbook@hotmail.com

*„Láska neudělá bližnímu nic zlého.
Je tedy láska naplněním zákona."*

Římanům 13:10

Předmluva

Mám naději, že čtenáři dobudou díky duchovní lásce nový Jeruzalém

Reklamní společnost ve Velké Británii vydala pro veřejnost kvíz, ve kterém se ptala na nejrychlejší způsob cestování z Edinburghu ve Skotsku do Londýna v Anglii. Osoba, jejíž odpověď bude vybrána, měla být obdarována velkou odměnou. Odpověď, která pak byla skutečně vybrána, byla ‚cesta s milovanou osobou'. Rozumíme tomu tak, že pokud cestujeme ve společnosti našich milovaných, i veliká vzdálenost nám bude připadat krátká. Stejně tak, jestliže milujeme Boha, není pro nás obtížné uvádět do praxe jeho Slovo (1 Janův 5:3). Bůh nám nedal svůj Zákon a neřekl nám, abychom dodržovali jeho přikázání proto, aby nám ztrpčoval život.

Slovo ‚Zákon' pochází z hebrejského slova ‚Tóra', které má význam ‚nařízení' a ‚učení'. Tóra se obvykle vztahuje k Pentateuch, který zahrnuje desatero přikázání. „Zákon" se ale rovněž vztahuje na 66 knih Bible jako celek nebo jen na Boží nařízení, která nám říkají, abychom určité věci dělali, nedělali, dodržovali nebo zavrhovali. Lidé si mohou myslet, že Zákon a láska spolu nesouvisejí, ale ve skutečnosti nemohou být odděleny. Láska patří Bohu a bez toho, abychom milovali Boha, nemůžeme zcela dodržovat Zákon. Zákon může být naplněn pouze tehdy, když ho uskutečňujeme s láskou.

Zde následuje příběh, který nám ukazuje na to, jak velkou moc má láska. Jeden mladý muž při přeletu pouště v malém letadle havaroval. Jeho otec byl velmi bohatý muž a najal si pátrací a záchranný tým, aby svého syna našel, ale marně. A tak nechal rozšířit po poušti milióny letáčků. Na letáčky napsal slova: ‚Synu, miluji tě.' Syn, který bloudil pouští, jeden z nich našel a dostal takovou odvahu, že se mu nakonec podařilo zachránit. To pravá otcovská láska zachránila syna. Zrovna jako otec šířil letáčky nad celou pouští, tak máme my povinnost šířit Boží lásku bezpočtu duší na této zemi.

Bůh projevil svou lásku tím, že poslal svého jednorozeného Syna Ježíše na tuto zemi, aby spasil lidstvo, které se stalo hříšníky.

Zákoníci doby Ježíše se však pouze zaměřili na formality Zákona a neporozuměli skutečné Boží lásce. Nakonec odsoudili jednorozeného Božího Syna Ježíše jako rouhače, který přišel zrušit Zákon a ukřižovali ho. Neporozuměli Boží lásce zakotvené v Zákoně.

Ve 13. kapitole 1 Korintským je dobře zachycen příklad této ‚duchovní lásky'. Vypovídá nám o lásce Boha, který poslal svého jediného Syna, aby zachránil nás, kteří jsme byli neodvratně určeni k tomu zemřít kvůli hříchům a o lásce Pána, který nás miloval natolik, že se vzdal veškeré své nebeské slávy a zemřel na kříži. Chceme-li také my předat Boží lásku početným skomírajícím duším na tomto světě, musíme si uvědomit tuto duchovní lásku a praktikovat ji.

„Nové přikázání vám dávám, abyste se navzájem milovali; jako já jsem miloval vás, i vy se milujte navzájem. Podle toho všichni poznají, že jste moji

učedníci, budete-li mít lásku jedni k druhým" (Jan 13:34-35).

Nyní je vydána tato kniha, aby čtenáři mohli prozkoumat, do jaké míry tříbili duchovní lásku a do jaké míry se změnili pomocí pravdy. Děkuji Geumsun Vin, ředitelce vydavatelství, a jejím spolupracovníkům a věřím, že všichni čtenáři naplní Zákon láskou a získají nový Jeruzalém, nejkrásnější nebeský příbytek.

Jaerock Lee

Úvod

Mám naději, že budou čtenáři prostřednictvím Boží pravdy a tříbením dokonalé lásky změněni

Jeden televizní kanál provedl průzkum formou dotazování vdaných žen. Otázka zněla, zda by se chtěly či nechtěly vdát za stejného manžela, kdyby si mohly znovu vybrat. Výsledek byl šokující. Pouze 4% žen by si vybralo stejného manžela. Musely si vzít svého manžela proto, že ho milovaly, tak proč tedy takovým výrazným způsobem změnily svůj názor? To proto, že nemilovaly duchovní láskou. Toto dílo Láska: Naplnění zákona nás bude vyučovat o této duchovní lásce.

V části 1, „Význam lásky", se spolu podíváme na různé formy lásky, které se vyskytují mezi manželem a manželkou, rodiči a dětmi, mezi přáteli a mezi sousedy, což nám utvoří představu o rozdílu mezi tělesnou láskou a duchovní láskou. Duchovní láska znamená milovat druhou osobu neměnným srdcem bez touhy získat něco na oplátku. Na druhou stranu, tělesná láska se v různých situacích a za různých okolností mění a z toho důvodu je duchovní láska vzácná a krásná.

Část 2, „Láska jako v kapitole o lásce", člení 13. kapitolu 1 Korintským do tří částí. První část, ‚Druh lásky, po které Bůh touží' (1 Korintským 13:1-3), je úvod ke kapitole, který klade důraz na důležitost duchovní lásky. Druhá část, ‚Vlastnosti lásky' (1 Korintským 13:4-7), je hlavní částí kapitoly o lásce a vypočítává nám 15 vlastností duchovní lásky. Třetí část, ‚Dokonalá láska', je závěrem kapitoly o lásce, ze kterého se dozvíme, že víry a naděje je zapotřebí jen dočasně, když směřujeme k nebeskému království během svého života na této zemi, zatímco láska přetrvává věčně i v nebeském království.

Část 3, „Láska je naplněním zákona", vysvětluje, co to znamená naplnit zákon láskou. Rovněž nám sděluje lásku Boha, který tříbí nás lidi na této zemi a lásku Krista, který pro nás otevřel cestu ke spasení.

‚Kapitola o lásce' je pouze jedinou kapitolou mezi 1 189 kapitolami Bible. Je však jako mapa k pokladu, která nám ukazuje, kde najít veliký poklad, protože nás dopodrobna vyučuje o cestě do nového Jeruzaléma. I když máme mapu a známe cestu, je to k ničemu, nejdeme-li skutečně udávanou cestou. Tudíž je to zbytečné, nepraktikujeme-li duchovní lásku.

Bohu se líbí duchovní láska a my tuto duchovní lásku můžeme získat do té míry, do jaké posloucháme a uskutečňujeme Boží slovo, které je Pravdou. Jakmile získáme duchovní lásku, můžeme získat Boží lásku a požehnání a nakonec vstoupit do nového Jeruzaléma, nejkrásnějšího příbytku v nebi. Láska je nejvyšší záměr, proč Bůh stvořil člověka a tříbí ho. Modlím se, aby všichni čtenáři milovali nejprve Boha a své bližní jako sami sebe, a tak mohli získat klíče k otevření brány z perel města nový Jeruzalém.

Geumsun Vin
Ředitelka vydavatelství

Obsah ~ *Láska: Naplnění zákona*

Předmluva · VII

Úvod · XI

Část 1 **Význam lásky**

    Kapitola 1: Duchovní láska · 2

    Kapitola 2: Tělesná láska · 10

Část 2 **Láska jako v kapitole o lásce**

    Kapitola 1: Druh lásky, po které Bůh touží · 24

    Kapitola 2: Vlastnosti lásky · 40

    Kapitola 3: Dokonalá láska · 150

Část 3 **Láska je naplněním zákona**

    Kapitola 1: Láska Boha · 162

    Kapitola 2: Láska Krista · 174

„Jestliže milujete jen ty,

kdo vás milují, můžete za to očekávat Boží uznání?

Vždyť i hříšníci milují ty, kdo je milují."

Lukáš 6:32

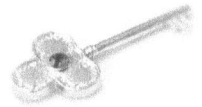

Část 1
Význam lásky

Kapitola 1 : **Duchovní láska**

Kapitola 2 : **Tělesná láska**

KAPITOLA 1 — Duchovní láska

Duchovní láska

„Milovaní, milujme se navzájem, neboť láska je z Boha, a každý, kdo miluje, z Boha se narodil a Boha zná. Kdo nemiluje, nepoznal Boha, protože Bůh je láska."

1 Janův 4:7-8

Jen při pouhém zaslechnutí slova ‚láska' naše srdce poskočí a naše mysl se povznese. Když můžeme někoho milovat a sdílet s ním po celý svůj život opravdovou lásku, je náš život naplněn štěstím do nejvyšší možné míry. Občas se doslechneme o lidech, kteří překonali situace jako je samotná smrt a učinili svůj život prostřednictvím moci lásky krásným. Chceme-li vést šťastný život, láska je k tomu nutná; má velikou moc měnit naše životy.

Merriam-Websterův slovník (The Merriam-Webster Online Dictionary) definuje lásku jako ‚silnou náklonnost ke druhému vyvstávající ze spřízněnosti nebo osobních pout' nebo ‚náklonnost založenou na obdivu, shovívavosti nebo společných zájmech'. Druh lásky, o které mluví Bůh, je však láska, která je o úroveň výš, je to duchovní láska. Duchovní láska hledá prospěch druhých; dává jim radost, naději a život, a nikdy se nemění. Navíc nám nepřináší prospěch jen během tohoto dočasného, pozemského života, ale vede naše duše ke spasení a dává nám věčný život.

Příběh ženy, která dovedla svého manžela do církve

Byla jedna žena, která byla ve svém křesťanském životě Bohu věrná. Její manžel však nebyl rád, že navštěvuje církev a ztrpčoval jí život. I za takového strádání chodila každý den na ranní modlitební setkání a za svého manžela se modlila. Jednoho dne časně zrána se šla modlit, přičemž si s sebou nesla manželovy boty. Přitom, jak držela boty svého muže v náručí, se slzami stékajícími po tváři se modlila: „Bože, dnes přišly k modlitbám jen tyto boty, dej, ať přijde příště do modlitebny také jejich vlastník."

Po nějaké době se stalo něco úžasného. Její manžel přišel na církevní shromáždění. Tato část příběhu pokračuje takto: Od určitého okamžiku, pokaždé když manžel opouštěl dům kvůli práci, cítil ve svých botách teplo. A jednoho dne, když viděl svou ženu, jak někam odchází s jeho botami, následoval ji. Šla do modlitebny.

Rozčílilo ho to, ale nedokázal přemoci svou zvědavost. Musel zjistit, co se s jeho botami v modlitebně děje. Když vešel tiše do modlitebny, jeho žena se modlila, přičemž svírala jeho boty pevně ve svém náručí. Vyslechl si modlitbu, ve které bylo každé slovo vycházející z jejích úst pro jeho dobro a požehnání. Jeho srdcem to velmi pohnulo, nemohl si pomoci a bylo mu v tu chvíli velmi líto, jakým způsobem se choval ke své ženě. Nakonec byl manžel dojat láskou své ženy a stal se z něho oddaný křesťan.

Většina manželek by mě v takovéto situaci poprosila, abych se za ně modlil: „Můj manžel mi ztrpčuje život jen proto, že chodím do církve. Prosím, modli se za to, aby mě můj manžel přestal trápit." Já bych na to ale odpověděl: „Staň se rychle posvěcenou a vejdi v ducha. To je způsob, jak vyřešit tvůj problém." Do té míry, do jaké tyto ženy zavrhnou hříchy a vejdou v ducha, dají svému manželovi více duchovní lásky. Který manžel bude ztrpčovat život ženě, která se pro něj obětuje a ze srdce mu slouží? V minulosti by taková žena hodila všechnu vinu na svého muže, ale nyní změněná pravdou přizná, že je to ona, která se provinila a pokoří se. Duchovní světlo potom vyžene tmu a manžel se může také změnit. Kdo by se modlil za druhého člověka, který mu ztrpčuje život? Kdo by se obětoval za opomíjené bližní a šířil k nim opravdovou lásku? Jen Boží děti, které poznaly opravdovou lásku od svého Pána, mohou takovou lásku předat druhým.

Neměnná láska a přátelství Davida a Jónatana

Jónatan byl synem Saula, prvního krále Izraele. Když viděl Davida, jak sestřelil prakem a kamenem šampióna Pelištejců, Goliáše, poznal, že David je vojákem, do kterého vešel Boží duch. Zatímco byl sám generálem armády, Jónatanovo srdce upoutala Davidova odvaha. Od této chvíle Jónatan Davida miloval jako sám sebe a začali budovat velmi silné přátelské pouto. Jónatan miloval Davida tak moc, že pokud šlo o Davida, ničeho nešetřil.

I skončil rozhovor se Saulem. Jónatan přilnul celou duší k Davidovi, zamiloval si ho jako sebe sama. Saul ho totiž vzal onoho dne k sobě a nedovolil mu vrátit se do otcovského domu. A Jónatan uzavřel s Davidem smlouvu, neboť ho miloval jako sám sebe. Jónatan svlékl plášť, který měl na sobě, a dal jej Davidovi, též své odění i s mečem, lukem a opaskem (1 Samuelova 18:1-4).

Jónatan byl jako prvorozený syn krále Saula dědicem trůnu a mohl nesporně Davida nenávidět, protože lid Davida velmi miloval. Po titulu krále však vůbec netoužil. Spíše, když se Saul pokoušel Davida zabít, aby si udržel trůn, Jónatan riskoval svůj vlastní život, aby Davida zachránil. Tato láska se až do jeho smrti nezměnila. Když Jónatan zemřel v bitvě v pohoří Gilbóa, David naříkal, plakal a postil se až do večera.

Stýská se mi po tobě, můj bratře Jónatane, byls ke mně pln něhy, tvá láska ke mně byla podivuhodnější nad lásku žen (2 Samuelova 1:26).

Potom, co se David stal králem, vyhledal Mefíbóšeta, jediného Jónatanova syna, vrátil mu veškerý Saulův majetek a postaral se o něho v paláci jako o svého vlastního syna (2 Samuelova 9). Podobně znamená duchovní láska milovat druhou osobu neměnným srdcem celým svým životem, i když to nepřináší prospěch, ale spíše nám to škodí. Být laskavý s nadějí, že něco získáme na oplátku, není opravdová láska. Duchovní láska znamená obětovat se a setrvávat pouze v bezpodmínečném dávání druhým s čistými a upřímnými motivy.

Neměnná láska Boha a Pána k nám

Většina lidí zažívá kvůli tělesné lásce ve svém životě srdceryvnou bolest. Když máme v srdci bolest a cítíme se osaměle kvůli lásce, která se snadno změní, je tu někdo, kdo nás utěší a stane se naším přítelem. Je to Pán. Lidé jím opovrhli a zřekli se ho, i když byl bez viny (Izajáš 53:3), takže našemu srdci velmi dobře rozumí. Opustil svou nebeskou slávu a sestoupil na tuto zemi, aby podstoupil cestu utrpení. Tím se stal naším opravdovým utěšitelem a přítelem. Dal nám opravdovou lásku, dokud nezemřel na kříži.

Dříve než jsem uvěřil v Boha, trpěl jsem mnoha nemocemi a naplno zakoušel bolest a osamělost způsobené chudobou. Potom, co jsem byl po sedm dlouhých let nemocen, všechno co mi zbylo, bylo nemocné tělo, stále rostoucí dluhy, opovržení lidí, osamělost a zoufalství. Všichni, kterým jsem důvěřoval a miloval je, mě opustili. Ale když jsem cítil, že jsem v celém vesmíru sám, někdo ke mně přece přišel. Byl to Bůh. Když jsem se setkal s Bohem, byl jsem najednou uzdraven ze všech svých nemocí a začal jsem žít nový život. Láska, kterou mi Bůh dal, byla darem, který nic nestál. Nemiloval jsem ho jako první. To on ke mně přišel jako první a natáhl ke mně své ruce. Jak jsem začal číst Bibli, uslyšel jsem vyznání Boží lásky ke mně.

Cožpak může zapomenout žena na své pacholátko, neslitovat se nad synem vlastního života? I kdyby některé zapomněly, já na tebe nezapomenu. Hle, vyryl jsem si tě do dlaní, tvé hradby mám před sebou stále (Izajáš 49:15-16).

V tom se ukázala Boží láska k nám, že Bůh poslal na svět svého jediného Syna, abychom skrze něho měli život. V tom je láska: ne že my jsme si zamilovali Boha, ale že on si zamiloval nás a poslal svého Syna jako oběť smíření za naše hříchy (1 Janův 4:9-10).

Bůh mě neopustil, i když jsem zápasil ve svém utrpení potom, co mě všichni opustili. Když jsem pocítil jeho lásku, nedokázal jsem zastavit slzy řinoucí se mi z očí. Kvůli bolesti, kterou jsem vytrpěl, jsem mohl zakusit, že Boží láska je opravdová. Nyní jsem se stal pastorem, Božím služebníkem, abych utěšil srdce mnohých duší a odplatil Boží milost, které se mi dostalo. Bůh je láska samotná. Poslal svého jediného Syna Ježíše na tuto zemi pro nás, kteří jsme hříšníky. A čeká, až přijdeme do nebeského království, kde nám přichystal tak mnoho překrásných a vzácných věcí. Pokud alespoň trochu otevřeme své srdce, můžeme vnímat něžnou a přehojnou Boží lásku.

Jeho věčnou moc a božství, které jsou neviditelné, lze totiž od stvoření světa vidět, když lidé přemýšlejí o jeho díle, takže nemají výmluvu (Římanům 1:20).

Proč jen nepomyslíte na překrásnou přírodu? Blankytná obloha, průzračné moře a všechny stromy a rostliny jsou věci, které pro nás Bůh stvořil, abychom mohli mít během svého života na této zemi naději v nebeské království, než se do něj dostaneme.

Z vln, které se dotýkají mořského pobřeží; hvězd, které se třpytí na obloze, jako by tancovaly; hlasitého burácení velkých vodopádů; a z vánku, který nás míjí, můžeme vnímat Boží dech, který nám říká: „Miluji tě." Protože jsme byli vyvoleni jako děti tohoto milujícího Boha, jakou lásku bychom tedy měli mít? Musíme mít věčnou a opravdovou lásku a ne pomíjivou lásku, která se změní, když nám nějaká situace nepřinese osobní prospěch.

Tělesná láska

„Jestliže milujete jen ty, kdo vás milují, můžete za to očekávat Boží uznání? Vždyť i hříšníci milují ty, kdo je milují."

Lukáš 6:32

Před velikým zástupem stojícím čelem ke Galilejskému jezeru stojí muž. Modré vlnky na jezeře za ním vypadají, jako by tancovaly v mírném vánku. Všichni lidé ztichli, aby naslouchali jeho slovům. Zástupu lidí, který posedával tu a tam na malém pahorku, říkal mírným, ale rozhodným tónem, aby se stali světlem a solí světa a milovali i své nepřátele.

Budete-li milovat ty, kdo milují vás, jaká vás čeká odměna? Což i celníci nečiní totéž? A jestliže zdravíte jenom své bratry, co činíte zvláštního? Což i pohané nečiní totéž? (Matouš 5:46-47)

Jak řekl Ježíš, nevěřící a dokonce i ti, kteří jsou špatní, dokážou projevit lásku k těm, kteří jsou k nim milí a k těm, kteří jim přinášejí prospěch. Existuje také falešná láska, která se navenek jeví jako dobrá, ale uvnitř není opravdová. Je to tělesná láska, která se časem mění, kazí a v důsledku druhořadých věcí se dokonce rozpadne.

Tělesná láska se může postupem času změnit v jakékoliv chvíli. Pokud se změní situace nebo se změní podmínky, tělesná láska se může také změnit. Lidé mají často sklon měnit své postoje podle získaných výhod či kýženého prospěchu. Také dávají až poté, co sami nejprve něco od druhých dostanou nebo dávají jen, pokud je pro ně samotné dávání prospěšné. Pokud dáváme a chceme dostat na oplátku stejné množství, nebo pokud se cítíme zklamaní, když nám druzí nedají nic na oplátku, je to proto, že máme tělesnou lásku.

Láska mezi rodiči a dětmi

Láska, kterou rodiče neustále dávají svým dětem, pohne srdcem mnohých. Rodiče neřeknou, že je těžké starat se o své děti ze všech sil, protože své děti milují. Je to obvykle touha rodičů dávat svým dětem dobré věci, třebaže to znamená, že oni sami se dobře nenajedí nebo se dobře neobléknou. Stále však v koutku rodičovského srdce, které miluje své děti, existuje místo, kde také hledají svůj vlastní prospěch.

Pokud opravdově milují své děti, měli by být schopni dát i svůj život, aniž by chtěli něco na oplátku zpět. Ve skutečnosti ale existuje mnoho rodičů, kteří vychovávají své děti pro svůj vlastní prospěch a uznání. Pronášejí slova jako: „Říkám ti to pro tvé vlastní dobro," ale ve skutečnosti se pokoušejí ovládat své děti takovým způsobem, aby naplnili své vlastní touhy po slávě nebo rovněž pro svůj finanční prospěch. Když si děti zvolí svou profesní dráhu nebo se vdají či ožení, tak pokud si vyberou životní dráhu nebo nevěstu či ženicha, které rodiče nepřijmou, velmi tomu odporují a jsou zklamaní. To dokazuje, že jejich oddanost a obětavost pro děti byly konec konců podmíněné. Snaží se skrze děti získat, co chtějí, na oplátku za lásku, kterou dětem dali.

Láska dětí je obvykle mnohem menší než láska rodičů. Korejské přísloví říká: „Jestliže rodiče trpí po dlouhou dobu nemocí, všechny děti své rodiče opustí." Jestliže jsou rodiče nemocní a staří a pokud zde není šance na jejich zotavení a děti se o ně musejí postarat, vnímají, že je stále obtížnější si se situací poradit. Když jsou děti malé, říkají dokonce něco takového: „Já se nikdy nevdám/neožením a budu bydlet s vámi, mami a tati."

Mohou si opravdu myslet, že chtějí žít se svými rodiči po zbytek svého života. Ale jak stárnou, postupně se o rodiče zajímají méně, protože jsou zaneprázdněné svým vlastním životem. Lidská srdce jsou v těchto dnech tak necitlivá na hříchy a zlo je tak rozšířené, že se bohužel stává, že rodiče zabijí své dítě nebo dítě zabije své rodiče.

Láska mezi manželem a manželkou

A co láska napříč manželskými páry? Když spolu chodí na rande, říkají si všechna ta sladká slova jako: „Nemůžu bez tebe žít. Budu tě navždy milovat." Co se však stane, když se vezmou? Mají vztek na svého manžela či manželku a říkají: „Kvůli tobě nemůžu žít svůj život, jak bych chtěl. Podvedla jsi mě."

Kdysi si navzájem vyznávali svou lásku, ale po uzavření manželství často zmiňují odloučení nebo rozvod jen proto, že si myslí, že jejich rodinné zázemí, vzdělání nebo osobnosti se neslučují. Pokud není jídlo tak dobré, jak by si manžel představoval, stěžuje si své ženě slovy: „Co's to uvařila? To se nedá jíst!" Také, pokud manžel nevydělá dostatek peněz, manželka popichuje manžela tím, že říká věci jako: „Manžel mojí kamarádky to už dotáhl na místo ředitele a manžel jiné povýšil na šéfa celého oddělení. Kdy povýší tebe? A další moje kamarádka si s manželem koupili větší dům a zbrusu nové auto, jen my pořád nic. Co bude s námi? Kdy budeme mít lepší věci?

Ve statistikách domácího násilí v Koreji používá téměř polovina manželských párů vůči svému protějšku násilí. Tak mnoho párů ztrácí svou počáteční lásku, začínají nenávidět jeden druhého a navzájem se hádají. V současné době existuje mnoho párů, které se rozejdou dokonce během svých líbánek! Průměrná délka doby od uzavření manželství k rozvodu se také zkracuje. Mysleli si, že svůj protějšek velmi milují, ale jak spolu žijí, vidí negativní stránky toho druhého. Protože jejich způsob myšlení a vkus se liší, jsou neustále na kolizní dráze od jedné věci k druhé. Při tom všem jejich emoce, o kterých si mysleli, že je to velká láska, velmi rychle ochladnou.

I když nemusejí mít žádné zřejmé problémy jeden s druhým, přivyknou si na sebe a emoce počáteční lásky časem ochladnou. Potom upřou své oči k jiným mužům a ženám. Manžel je zklamán svou vlastní ženou, která po ránu vypadá neupraveně a jak stárne a přibírá na váze, myslí si o ní, že už není tou okouzlující ženou, co bývala. Láska se má časem prohlubovat, ale ve většině případů tomu tak není. Nakonec změny v nich podporují skutečnost, že tato láska byla tělesná láska, která hledá svůj vlastní prospěch.

Láska mezi bratry

Sourozenci, kteří se narodili stejným rodičům a vyrostli spolu, by si měli být navzájem bližší, než jsou si s jinými lidmi. Mohou v mnoha věcech spoléhat jeden na druhého, protože sdíleli mnoho věcí a nashromáždili vzájemnou lásku. Někteří sourozenci však mají mezi sebou vzájemnou soupeřivost a žárlí na ostatní bratry a sestry.

Prvorození se mohou snadno domnívat, že část rodičovské lásky, která patřila jim, jim byla nyní odňata a věnována jejich mladším sourozencům. Druhé děti se mohou cítit nestále, protože vnímají, že jsou podřízeny svému velkému bratru nebo velké sestře. Ti sourozenci, kteří mají jak starší, tak mladší sourozence, mohou vnímat jak podřízenost vůči starším, tak břímě, které musejí nést vůči těm mladším. Mohou v sobě rovněž chovat dojem, že jsou obětí, protože nedokážou přitáhnout pozornost svých rodičů. Pokud si sourozenci s takovými emocemi řádně neporadí, budou mít pravděpodobně nepříznivé vztahy se svými bratry a sestrami.

K první vraždě v historii lidstva rovněž došlo mezi bratry. Byla způsobena Kainovou žárlivostí na jeho mladšího bratra Ábela a týkala se Božího požehnání. Od té doby probíhal napříč lidskými dějinami nepřetržitý zápas a boj mezi bratry a sestrami. Josefa jeho bratři nenáviděli a prodali ho jako otroka do Egypta. Davidův syn, Abšalóm, nechal jedním ze svých mužů zabít svého vlastního bratra Amnóna. V dnešní době zase velmi mnoho bratrů a sester bojuje mezi sebou nad zděděnými penězi od svých rodičů. Chovají se vůči sobě jako nepřátelé.

Ačkoliv to není tak vážné jako ve výše uvedených příkladech, tak potom co se ožení nebo vdají a založí si svou vlastní rodinu, nemohou už věnovat svým sourozencům tak velikou pozornost jako předtím. Já jsem se narodil jako poslední syn mezi šesti bratry a sestrami. Mí starší bratři a sestry mě velmi milovali, ale když jsem byl po dobu dlouhých sedmi let upoután na lůžko kvůli rozmanitým nemocem, situace se změnila. Stával jsem se pro ně stále těžším břemenem. Do určité míry se snažili moje onemocnění vyléčit, ale když se zdálo, že není žádná naděje, začali se ke mně obracet zády.

Láska mezi sousedy

Korejci znají výraz znamenající „soused bratranec." To znamená, že naši sousedé jsou nám tak blízcí jako naši rodinní příslušníci. Když v minulosti většina lidí farmařila, sousedé byli velmi cenné duše, které si mohly navzájem vypomáhat. Tento výraz je ale čím dál tím víc nepravdivý. V současné době lidé zavírají a zamykají dveře, i před svými sousedy. Používáme dokonce masivní bezpečnostní systémy. Lidé dokonce ani nevědí, kdo bydlí ve vedlejších dveřích. Nestarají se o druhé a nemají žádný zájem zjistit, kdo jsou jejich sousedi. Berou ohled jen sami na sebe a jsou pro ně důležití pouze jejich nejbližší rodinní příslušníci. Navzájem si nedůvěřují. Pokud však vnímají, že jim jejich sousedé způsobují nějaké potíže, škody nebo nepříjemnosti, neváhají je odsunout a bojovat s nimi. V dnešní době existuje mnoho lidí, kteří jsou sousedé a podávají na sebe žalobu kvůli bezvýznamným věcem. Existuje člověk, který pobodal svého souseda bydlícího v bytě o patro výš nad ním kvůli tomu, že dělal hluk.

Láska mezi přáteli

A co láska mezi přáteli? Můžete se domnívat, že konkrétní přítel bude vždy na vaší straně. Avšak i ten, koho pokládáte za přítele, vás může zradit a zanechat vás se zlomeným srdcem.
   V některých případech může člověk poprosit svého přítele, aby mu půjčil významný peněžní obnos nebo aby se stal jeho ručitelem, protože se blíží jeho krach. Pokud přítel odmítne,

řekne, že ho zradil a že ho už nikdy nechce vidět. Kdo je však tím, kdo zde jedná špatně? Pokud máte svého přítele opravdu rádi, nechcete mu způsobit žádnou bolest. Pokud se blížíte ke krachu a pokud se váš přítel stane vaším ručitelem, je jisté, že váš přítel a jeho rodina budou trpět s vámi. Je láska způsobit, aby váš přítel podstoupil takové riziko? To není láska. Dnes se však takové věci stávají docela často. Navíc nám Boží slovo zakazuje půjčovat si od někoho peníze a půjčovat někomu a souběžně dávat nebo se stát někomu ručitelem. Když neuposlechneme taková slova od Boha, ve většině případů přijdou na řadu skutky satana a všichni zúčastnění budou čelit škodě.

Můj synu, jestliže ses zaručil za svého druha nebo se zavázal rukoudáním za cizáka a zapletl se výroky svých úst, a výroky svých úst se chytil (Přísloví 6:1-2).

Nebuď mezi těmi, kdo dají druhému ruku, kdo se zaručují za půjčku (Přísloví 22:26).

Někteří lidé si myslí, že je moudré si nadělat přátele na základě toho, co od nich mohou získat. Je skutečností, že je dnes velmi obtížné najít člověka, který ochotně věnuje svůj čas, úsilí a peníze s opravdovou láskou ke svým sousedům nebo přátelům.

Už od dětství jsem měl mnoho přátel. Než jsem uvěřil v Boha, pokládal jsem věrnost mezi přáteli za svůj život. Myslel jsem si, že naše přátelství bude trvat navěky. Zatímco jsem však byl po dlouhou dobu upoután na lůžko, uvědomil jsem si, že se tato láska mezi přáteli změnila podle prospěchu, který přátelům přinášela. Nejprve moji přátelé dělali nějaký průzkum, aby našli dobré doktory nebo dobré lidové léčivé prostředky a brali mě tam, ale když jsem se vůbec nezotavoval, jeden po druhém toho nechali. Později byli jedinými mými přáteli pití a kamarádi gambleři. I tito přátelé ke mně nechodili, že by mě měli rádi, ale pouze proto, že potřebovali místo, kam se na chvíli zašít. V tělesné lásce přátelé říkají, že se mají navzájem rádi, ale brzy se to změní.

Jak dobré by bylo, kdyby rodiče a děti, bratři a sestry, přátelé a sousedi nehledali svůj vlastní prospěch a nikdy k sobě nezměnili přístup? Pokud by šlo o tento případ, znamenalo by to, že mají duchovní lásku. Ve většině případů ale nemají tuto duchovní lásku a nemohou ve svých vztazích nalézt skutečné uspokojení. Hledají lásku u svých rodinných příslušníků a lidí okolo sebe. Ale jak v tom pokračují, stávají se pouze žíznivějšími po lásce, jako kdyby pili mořskou vodu, aby uhasili svou žízeň.

Blaise Pascal řekl, že v srdci každého člověka existuje Bohem stvořené prázdné místo, které nemůže zaplnit žádná stvořená věc, ale pouze Bůh, Stvořitel, skrze svého Syna Ježíše Krista. Dokud není toto místo naplněno Boží láskou, nemůžeme cítit pravé uspokojení a trpíme pocitem bezvýznamnosti. Znamená to tedy, že na tomto světě neexistuje duchovní láska, která se nikdy nezmění? To ne. Není to běžné, ale duchovní láska určitě existuje. 13. kapitola 1 Korintským nám jednoznačně o této pravé lásce vypovídá.

Láska je trpělivá, laskavá, nezávidí, láska se nevychloubá a není domýšlivá. Láska nejedná nečestně, nehledá svůj prospěch, nedá se vydráždit, nepočítá křivdy. *Nemá radost ze špatnosti, ale vždycky se raduje z pravdy. Ať se děje cokoliv, láska vydrží, láska věří, láska má naději, láska vytrvá* (1 Korintským 13:4-7).

Bůh nazývá takovou lásku duchovní a pravou láskou. Pokud poznáme Boží lásku a jsme proměněni pravdou, můžeme tuto duchovní lásku získat. Mějme tedy duchovní lásku, kterou se budeme moci milovat navzájem celým naším srdcem a neměnným postojem, i když nám to nepřináší prospěch, ale zranění.

Způsoby, jak zkoumat duchovní lásku

Existují lidé, kteří se mylně domnívají, že milují Boha. Abychom prozkoumali míru, do jaké jsme tříbili opravdovou duchovní lásku a Boží lásku, musíme prověřit emoce, které jsme měli, a skutky, které jsme konali, když jsme procházeli zkouškami a obtížemi tříbení. To, do jaké míry jsme tříbili opravdovou lásku, můžeme prozkoumat tím, že prověříme, zda se opravdu radujeme a děkujeme z hloubi svého srdce a zda neustále následujeme Boží vůli.

Pokud si stěžujeme a máme vztek na danou situaci a pokud hledáme světské metody a spoléháme na lidi, znamená to, že nemáme duchovní lásku. Pouze to dokazuje, že naše povědomí o Bohu jsou pouze vědomosti v hlavě, ne poznání, které jsme vstřebali a tříbili ve svém srdci. Zrovna jako padělaný šek vypadá jako skutečné peníze, a přesto jde ve skutečnosti jen o kus papíru, tak láska, kterou známe pouze našimi vědomostmi, není opravdová láska. Nemá žádnou hodnotu. Jestliže se naše láska k Pánu nemění a jestliže spoléháme na Boha v jakékoliv situaci a při jakýchkoliv těžkostech, potom můžeme říct, že jsme tříbili opravdovou lásku, která je duchovní láskou.

„A tak zůstává víra, naděje,

láska – ale největší z té trojice je láska."

1 Korintským 13:13

Část 2
Láska jako v kapitole o lásce

Kapitola 1 : Druh lásky, po které Bůh touží

Kapitola 2 : Vlastnosti lásky

Kapitola 3 : Dokonalá láska

KAPITOLA 1 — Druh lásky, po které Bůh touží

Druh lásky, po které Bůh touží

„Kdybych mluvil jazyky lidskými i andělskými,
ale lásku bych neměl, jsem jenom dunící kov a zvučící zvon.
Kdybych měl dar proroctví,
rozuměl všem tajemstvím a obsáhl všecko poznání,
ano kdybych měl tak velikou víru, že bych hory přenášel,
ale lásku bych neměl, nic nejsem.
A kdybych rozdal všecko, co mám,
ano kdybych vydal sám sebe k upálení,
ale lásku bych neměl, nic mi to neprospěje."

1 Korintským 13:1-3

Následuje událost, která se odehrála v jednom sirotčinci v Jižní Africe. Děti zde jedno za druhým postupně onemocněly a jejich počet se rovněž zvyšoval. Nemohlo se ale přijít na žádný konkrétní důvod jejich nemoci. Sirotčinec pozval několik známých lékařů, aby určili diagnózu. Po důkladném průzkumu lékaři řekli: „Když se děti vzbudí, obejměte je a projevujte jim po dobu deseti minut lásku."
K překvapení všech začala nemoc bez příčiny ustupovat. To proto, že vřelá láska byla tím, co děti potřebovaly víc než cokoliv jiného. I když si nemusíme dělat starosti o výdaje na živobytí a žijeme v hojnosti, bez lásky nemůžeme mít v životě naději ani vůli žít. Dá se říct, že láska je nejdůležitějším faktorem našeho života.

Důležitost duchovní lásky

Třináctá kapitola 1 Korintským, která se nazývá kapitolou o lásce, klade na prvním místě důraz na důležitost lásky, až potom duchovní lásku dopodrobna vysvětluje. To proto, že kdybychom mluvili jazyky lidskými i andělskými, ale lásku bychom neměli, jsme jenom dunící kov a zvučící zvon.

‚Lidské jazyky' se nevztahují na mluvení v jazycích jako na jeden z darů Ducha Svatého. Vztahují se na všechny jazyky lidí, kteří žijí na této zemi jako na angličtinu, japonštinu, francouzštinu, ruštinu atd. Civilizace a vědění jsou systematizovány a předávány skrze jazyk, a tudíž můžeme říct, že moc jazyka je opravdu veliká. Jazykem můžeme rovněž vyjádřit a předat své emoce a myšlenky, takže můžeme přesvědčit nebo se dotknout srdcí mnoha lidí. Lidské jazyky mají moc pohnout lidmi a moc dosáhnout mnoha věcí.

,Andělské jazyky' se vztahují na krásná slova. Andělé jsou duchovní bytosti a představují ,krásu'. Když nějací lidé pronášejí krásná slova krásným hlasem, lidé to popisují jako andělské. Bůh ale říká, že i výmluvná slova člověka nebo krásná slova podobná andělským jsou bez lásky jen jako dunící kov a zvučící zvon (1 Korintským 13:1).

Když se uhodí do těžkého, masivního kusu oceli nebo mědi, nevydá ve skutečnosti hlasitý zvuk. Pokud kus mědi vydá hlasitý zvuk, znamená to, že je uvnitř dutý nebo je tenký a lehký. Zvony vydávají hlasitý zvuk, protože jsou vytvořeny z tenkého kusu mosazi. S lidmi je to stejné. Hodnotu srovnatelnou s pšenicí s plným klasem zrn získáme pouze tehdy, když se staneme opravdovými syny a dcerami Boha tím, že naplníme své srdce láskou. Na druhou stranu ti, kdo nemají lásku, jsou pouze jako obyčejný plevel. Proč je tomu tak?

1 Janův 4:7-8 říká: *„Milovaní, milujme se navzájem, neboť láska je z Boha, a každý, kdo miluje, z Boha se narodil a Boha zná. Kdo nemiluje, nepoznal Boha, protože Bůh je láska."* Tudíž ti, kteří nemilují, nemají nic co do činění s Bohem a jsou pouze jako plevel, ve kterém není žádné zrno.

Slova takových lidí nemají žádnou hodnotu, třebaže jsou výmluvná a krásná, protože nemohou dát druhým opravdovou lásku ani život. Pouze jsou pro druhé lidi nepříjemná podobně jako dunící kov a zvučící zvon, protože jsou lehkovážná a uvnitř prázdná. Na druhou stranu slova, která obsahují lásku, mají úžasnou moc dát život. Takový důkaz můžeme najít v životě

Ježíše.

Velká láska dává život

Jednoho dne Ježíš učil v chrámu a zákoníci a farizejové před něho přivedli ženu. Byla chycena, jak se dopouští činu cizoložství. V očích zákoníků a farizejů, kteří zde ženu přivedli, se nedal zahlédnout ani náznak slitování.

Řekli Ježíšovi: *„Mistře, tato žena byla přistižena při činu jako cizoložnice. V zákoně nám Mojžíš přikázal takové kamenovat. Co říkáš ty?"* (Jan 8:4-5)

Zákon v Izraeli je Boží slovo a Boží zákon. Je v něm odstavec, který říká, že cizoložníci musí být ukamenováni k smrti. Kdyby Ježíš řekl, že mají ženu ukamenovat podle Zákona, znamenalo by to, že by popřel svá vlastní slova, protože učil lid, aby miloval i své nepřátele. Kdyby řekl, aby jí odpustili, bylo by to jasné porušení Zákona. Musel by se postavit proti Božímu slovu.

Zákoníci a farizejové na sebe byli hrdí a mysleli si, že teď mají šanci Ježíše svrhnout. Protože znal dobře jejich srdce, Ježíš se sklonil a začal psát něco prstem po zemi. Potom se zvedl a řekl: *"Kdo z vás je bez hříchu, první hoď na ni kamenem!"* (Jan 8:7)

Když se Ježíš znovu sklonil a psal prstem po zemi, lidé se začali jeden po druhém vytrácet, až tam zůstal pouze Ježíš sám s tou ženou. Ježíš zachránil život té ženy, aniž by porušil Zákon.

To, co říkali zákoníci a farizejové, nebylo navenek špatně, protože jednoduše prohlašovali to, co říkal Boží zákon. Ale pohnutka v jejich slovech byla velmi odlišná od té Ježíšovy. Pokoušeli se uškodit druhým, zatímco Ježíš se pokoušel spasit duše.

Pokud máme takové srdce jako Ježíš, budeme se modlit a přemýšlet nad tím, jaká slova mohou dodat ostatním sílu a dovést je k pravdě. Pokusíme se dát život s každým slovem, které promluvíme. Někteří lidé se pokoušejí přesvědčit druhé Božím slovem nebo se snaží napravit jednání druhých lidí poukázáním na jejich nedostatky a chyby, o kterých si myslí, že nejsou dobré. I když jsou taková slova správná, nemohou způsobit změny v jiných lidech nebo jim dát život, dokud nejsou tato slova vyslovena s láskou.

Proto bychom měli vždy zkoumat sami sebe, zda mluvíme ze své vlastní sebespravedlnosti a stereotypů myšlení nebo zda jsou naše slova vyřčena z lásky, abychom dali druhým život. Spíše než velmi uhlazená slova se může stát vodou života slovo, které obsahuje duchovní lásku k uhašení žízně duší, a vzácné drahokamy, které dají radost a potěší duše v bolesti.

Láska se skutky obětování se

Obecně se ‚proroctví' vztahuje na mluvení o budoucích událostech. V biblickém slova smyslu to znamená získat Boží srdce inspirován Duchem svatým pro konkrétní záměr a mluvit o budoucích událostech. Prorokování není něco, co lze provádět podle vůle člověka. 2 Petrův 1:21 říká: *„Nikdy totiž nebylo vyřčeno proroctví z lidské vůle, nýbrž z popudu Ducha svatého* *mluvili lidé, poslaní od Boha."* Tento dar proroctví není náhodně dán jen tak někomu. Bůh nedává tento dar osobě, která ještě není posvěcená, protože by mohla být domýšlivá.

„Dar proroctví", jak je popsán v kapitole o duchovní lásce, není dar, který by byl dán několika výjimečným lidem. To znamená, že kdokoliv věří v Ježíše Krista a přebývá v pravdě, může předvídat budoucnost a mluvit o ní. Tudíž, až se Pán znovu vrátí v oblacích, spasení budou uchváceni v oblacích vzhůru a zúčastní se sedmileté svatební hostiny, zatímco ti kdo nejsou spaseni, budou trpět během sedmiletého velikého soužení na této zemi a po soudu u velkého bílého trůnu propadnou peklu. Avšak třebaže všechny Boží děti mají dar proroctví tohoto ‚mluvení o budoucích událostech', ne všechny mají duchovní lásku. Pokud nemají duchovní lásku, nakonec změní svá stanoviska, přičemž budou následovat svůj vlastní prospěch, a proto jim dar proroctví nepřinese žádný užitek. Dar samotný nemůže vést k lásce ani ji překonat.

‚Tajemství' se zde vztahuje na tajemství skryté od věčnosti, což je slovo o kříži (1 Korintským 1:18). Slovo o kříži je prozíravost pro spasení člověka, kterou Bůh učinil od věčnosti ze své svrchovanosti. Bůh věděl, že se člověk bude dopouštět hříchů a klesne na cestu smrti. Z tohoto důvodu už od věčnosti připravil Ježíše Krista, který se stane Spasitelem. Dokud nebyla tato prozíravost naplněna, Bůh ji držel jako tajemství. Proč to udělal? Kdyby byla cesta spasení známa, nebyla by naplněna kvůli neustálému zasahování nepřítele ďábla a satana (1 Korintským 2:6-8). Nepřítel ďábel a satan si myslel, že pokud zabije Ježíše, bude si moci navždy udržet autoritu, kterou obdržel od Adama. Ale cesta spasení byla otevřena právě proto, že podněcoval zlé lidi a zabil Ježíše! Nicméně ačkoliv známe takové veliké tajemství, toto poznání nám pranic neprospěje, pokud nemáme duchovní lásku. S poznáním je to stejné. Zde se termín ‚všecko poznání' nevztahuje na akademické znalosti. Vztahuje se na poznání Boha a pravdy v 66 knihách Bible. Jakmile poznáme Boha skrze Bibli, měli bychom se s ním také setkat, zakusit ho z první ruky a uvěřit mu z celého svého srdce. Jinak nám poznání Božího slova zůstane pouze jako kus vědomosti v naší hlavě. Toto poznání můžeme dokonce využívat nepříznivým způsobem, například tím, že budeme soudit a odsuzovat druhé lidi. Proto nám poznání bez duchovní lásky nic neprospěje.

Co kdybychom měli tak velikou víru, že bychom mohli hory přenášet? Mít velikou víru nutně neznamená mít velikou lásku. Proč tedy velikost víry a velikost lásky sobě navzájem přesně neodpovídají? Víra může růst tím, že vidíme Boží znamení, zázraky a skutky. Petr viděl mnohá znamení a zázraky, které Ježíš vykonal a z toho důvodu mohl, byť jen na chvíli, chodit po vodě, když Ježíš chodil po vodě. Ale v té době Petr neměl duchovní lásku, protože ještě nedostal Ducha svatého. Ani ještě neobřezal své srdce tím, že by zavrhl hříchy. A tak, když byl později ohrožen jeho život, třikrát Ježíše zapřel.

Rozumíme tomu, proč může naše víra růst skrze zkušenost, ale duchovní láska přichází do našeho srdce pouze tehdy, když vyvineme úsilí, jsme oddáni a přineseme oběti, abychom opustili hříchy. To však neznamená, že zde není vůbec žádný přímý vztah mezi duchovní vírou a láskou. Protože máme víru, můžeme se pokusit opustit hříchy a můžeme se pokusit milovat Boha a lidské duše. Ale bez takových skutků, které se podobají skutkům našeho Pána, a tříbení opravdové lásky nebude mít naše služba pro Boží království nic co do činění s Bohem bez ohledu na to, jak věrní se snažíme být. Bude to jen tak, jak řekl Ježíš: *„A tehdy já prohlásím: ,Nikdy jsem vás neznal; jděte ode mne, kdo se dopouštíte nepravosti'"* (Matouš 7:23).

Láska, která přináší nebeskou odměnu

Obvykle s tím, jak se blíží konec roku, daruje mnoho organizací a jednotlivců peníze společnostem televizního nebo rozhlasového vysílání či novinářským společnostem, aby pomohli potřebným. Co se však stane, pokud tyto společnosti nezmíní jejich jména ve sdělovacích prostředcích? Šance jsou takové, že nezůstane mnoho jednotlivců a společností, které budou přes tuto skutečnost darovat peníze znovu.

Ježíš řekl v Matoušovi 6:1-2: *„Varujte se konat skutky spravedlnosti před lidmi, jim na odiv; jinak nemáte odměnu u svého Otce v nebesích. Když prokazuješ dobrodiní, nechtěj budit pozornost, jako činí pokrytci v synagógách a na ulicích, aby došli slávy u lidí; amen pravím vám, už mají svou odměnu."* Pomůžeme-li druhým získat slávu od lidí, můžeme mít na chvíli jejich uznání, ale nedostaneme žádnou odměnu od Boha.

Toto dávání je pouze pro vlastní sebeuspokojení nebo vychloubání se. Pokud koná člověk dobročinné skutky pouze jako formalitu, jeho srdce se bude stále více a více pozvedávat přitom, jak bude získávat stále větší chválu. Pokud Bůh takovému člověku žehná, může sám sebe považovat za správného v Božích očích.

Potom neobřeže své srdce a pouze mu to uškodí. Pokud konáte dobročinné skutky s láskou pro své bližní, nebudete se starat o to, zda vás jiní lidé pochválí nebo ne. To proto, že věříte, že Bůh Otec, který vidí, co děláte ve skrytu, vás odmění (Matouš 6:3-4). Dobročinné skutky v Pánu nejsou pouze o naplňování základních životních potřeb, jako je oblečení, jídlo a přístřeší. Je to více o obstarávání duchovního chleba pro spasení duší. V dnešní době, ať už jde o věřící v Pána nebo ne, mnoho lidí říká, že role církví je pomáhat nemocným, opomíjeným a chudým. To samozřejmě není špatně, ale hlavními povinnostmi církve jsou kázat evangelium a spasit duše, aby získaly duchovní pokoj. Rozhodující cíl dobročinných skutků spočívá právě v těchto záměrech.

Proto, když pomáháme druhým, je velmi důležité dělat správné dobročinné skutky tak, že nejprve získáme vedení Duchem svatým. Pokud se někomu dostane nesprávné pomoci, může to danému člověku usnadnit vzdálit se od Boha ještě dál. Podle nejhoršího scénáře ho to může dokonce zahnat na cestu smrti. Například, pomáháme-li těm, kdo zchudli díky přílišnému pití a gamblerství nebo těm, kdo mají těžkosti, protože se postavili proti Boží vůli, potom tato pomoc pouze způsobí, že se dostanou ještě dál na špatné cestě. Samozřejmě to neznamená, že nesmíme vůbec pomáhat těm, kteří ještě neuvěřili. Měli bychom pomáhat nevěřícím tím, že na ně vylijeme Boží lásku. Nesmíme však zapomínat na to, že hlavním cílem dobročinných skutků je šíření evangelia.

V případě nových věřících, kteří mají ještě slabou víru, je naléhavé, abychom je posilovali, dokud jejich víra nevzroste.

Občas jsou i mezi těmi, kteří mají víru, takoví, kteří mají vrozené slabosti nebo nemoci a jiní, kteří utrpěli nehodu. To proto, aby jim to zabránilo žít podle sebe. Jsou také starší občané, kteří žijí osaměle nebo děti, které musejí živit domácnost v nepřítomnosti rodičů. Tito lidé mohou zoufale potřebovat dobročinné skutky. Pokud pomáháme těmto lidem, kteří pomoc skutečně potřebují, Bůh způsobí, že se bude dobře vést naší duši a ve všem se nám bude dařit.

V 10. kapitole Skutků je řeč o Kornéliovi, kterému se dostalo Božího požehnání. Kornélius se bál Boha a velmi pomáhal Židům. Byl setníkem, vysokým důstojníkem armády, která okupovala Izrael a vládla nad ním. V jeho situaci pro něj muselo být obtížné pomáhat místním lidem. Židé museli být velmi podezřívaví ohledně toho, co dělal a jeho druhové mohli být rovněž kritičtí ohledně toho, co dělal. Ale protože se bál Boha, nepřestal konat dobré skutky a dobročinnou činnost. Bůh konec konců viděl všechny jeho skutky a poslal do jeho domácnosti Petra, takže nejenom jeho nejbližší rodina, ale také všichni, kdo byli s ním v jeho domě, dostali Ducha svatého a spasení.

Nejsou to pouze dobročinné skutky, které se musejí vykonat s duchovní láskou, ale také dávání Bohu. Ve 12. kapitole Marka čteme o vdově, kterou Ježíš pochválil, protože dala z celého svého srdce všechno, co měla. Darovala jen dvě drobné mince, všechno, z čeho měla být živa. Tak proč ji Ježíš pochválil? Matouš 6:21 říká: *„Neboť kde je tvůj poklad, tam bude i tvé srdce."* Jak je zde řečeno, vdova dala všechno, co měla k živobytí, to znamená, že celé její srdce směřovalo k Bohu. Bylo to vyjádření její lásky k Bohu. Naopak, zdráhavé dávání nebo dávání při uvědomění si postojů a názorů jiných lidí, se Bohu nelíbí. Takové dávání nakonec nepřinese dárci žádný prospěch.

Pojďme nyní mluvit o sebeobětování. „Kdybych vydal sám sebe k upálení" zde znamená „zcela obětovat sám sebe." Oběti se obvykle dělají z lásky, ale mohou se vykonat i bez lásky. Jaké jsou tedy oběti učiněné bez lásky?

Stěžovat si na různé věci potom, co vykonáte Boží skutek, je příkladem oběti bez lásky. Je to, když vynaložíte veškeré své síly, čas a peníze na Boží dílo, ale nikdo to neuzná a nepochválí to. Vám je to pak líto a stěžujete si. Znamená to, když vidíte své spolupracovníky na Božím díle a vnímáte, že nejsou tak horliví jako vy, i když prohlašují, že milují Boha a Pána. Můžete si dokonce říct, že jsou leniví. Nakonec zbude pouze vaše souzení a odsuzování. Tento přístup do vás potají zapouští touhu, abyste své zásluhy odhalili druhým, aby vás za ně pochválili, a vychloubali jste se v domýšlivosti svou věrností. Taková oběť může zničit pokoj mezi lidmi a způsobit Bohu hluboký žal. Tímto způsobem oběť bez lásky nic neprospěje.

Nesmíte si navenek stěžovat slovy. Pokud nikdo neuzná vaše věrné skutky, budete sklíčení a myslet si, že nejste nic a vaše zapálení pro Pána ochladne. Pokud někdo poukáže na chyby a slabé stránky v díle, kterého jste dosáhli ze všech svých sil a dokonce až do bodu obětování se, můžete ztratit své srdce a obviňovat ty, kteří vás kritizovali. Když někdo nese více ovoce než vy a druzí ho chválí a upřednostňují, začnete žárlit a závidět mu. Potom bez ohledu na to, jak věrní a horliví jste byli, nemůžete v nitru dosáhnout opravdové radosti. Můžete své povinnosti dokonce vzdát.

Jsou rovněž takoví, kteří jsou horliví pouze tehdy, když se druzí dívají. Když se na ně nikdo nedívá a už si jich nevšímá, zleniví a konají svou službu namátkově nebo nesprávně. Spíše než skutky, kterých si navenek nikdo nevšimne, se snaží pouze konat skutky, které jsou pro druhé zjevné. To kvůli své touze na sebe ukázat před staršími sboru a mnoha dalšími, aby je pochválili.

Takže pokud mají lidé víru, jak se mohou obětovat bez lásky? Je to proto, že postrádají duchovní lásku. Postrádají smysl pro vlastnictví, kdy lidé ve svém srdci věří, že co patří Bohu, je jejich, a co je jejich, patří Bohu.

Například, porovnejme situaci, kdy farmář obdělává své vlastní pole a rolník obdělává pole někoho jiného za mzdu, která mu bude vyplacena. Když farmář obdělává své vlastní pole, ochotně dře od rána do pozdního večera. Nevynechá žádnou práci a všechnu práci dělá pořádně, aniž by v ní jakkoliv selhal. Ale když najatý rolník pracuje na poli, které patří jiné osobě, nevydá na práci všechnu svou energii, ale namísto toho si přeje, aby slunce zapadlo co nejrychleji, aby mohl dostat svou mzdu a vrátit se domů. Stejný princip se vztahuje také na Boží království. Jestliže lidé nemají lásku k Bohu ve svém srdci, budou mu ledabyle sloužit jako najaté ruce, které pouze žádají svou mzdu. Budou mručet a stěžovat si, pokud nedostanou mzdu, kterou očekávali.

Proto Koloským 3:23-24 říká: *„Cokoli děláte, dělejte upřímně, jako by to nebylo lidem, ale Pánu, s vědomím, že jako odměnu dostanete podíl na jeho království. Váš Pán je Kristus, jemu sloužíte."* Pomoc druhým a obětování se bez duchovní lásky nemá nic co do činění s Bohem, což znamená, že nemůžeme od Boha obdržet žádnou odměnu (Matouš 6:2).

Jestliže se chceme obětovat s opravdovým srdcem, musíme získat duchovní lásku do svého srdce. Pokud je naše srdce naplněno opravdovou láskou, můžeme pokračovat v zasvěcení svého života Pánu se vším, co máme, ať už nás druzí ocení nebo ne. Zrovna jako se zapálí svíčka a svítí v temnotě, my se můžeme vydat Bohu se vším, co máme. Když ve Starém zákoně kněz zabil zvíře, aby ho obětoval Bohu jako oběť usmíření, vylil jeho krev a spálil jeho tuk na ohni na oltáři. Náš Pán Ježíš, podobně jako zvíře obětovaný jako oběť usmíření za naše hříchy, prolil poslední kapku své krve a vody, aby vykoupil celé lidstvo z jeho hříchů. Ukázal nám příklad skutečné oběti.

Proč byla jeho oběť tak účinná a umožnila mnoha duším získat spasení? To proto, že jeho oběť byla učiněna z dokonalé lásky. Ježíš dokonal Boží vůli až do bodu obětování svého vlastního života. Učinil přímluvnou modlitbu za duše dokonce v poslední chvíli ukřižování (Lukáš 23:34). Za tuto opravdovou oběť ho Bůh pozvedl a dal mu to nejslavnější postavení v nebi.

A tak Filipským 2:9-10 říká: *„Proto ho Bůh vyvýšil nade vše a dal mu jméno nad každé jméno, aby se před jménem Ježíšovým sklonilo každé koleno – na nebi, na zemi i pod zemí."*

Odhodíme-li chamtivost a nečisté touhy a obětujeme se s čistým srdcem jako Ježíš, Bůh nás vyvýší a povede nás k vyššímu postavení. Náš Pán v Matoušovi 5:8 zaslibuje: *„Blaze těm, kdo mají čisté srdce, neboť oni uzří Boha."* A tak obdržíme požehnání spatřit Boha tváří v tvář.

Láska překračující spravedlnost

Pastor Yang Won Sohn je nazýván ‚Atomová bomba lásky'. Dal nám příklad obětování se učiněný z opravdové lásky. Ze všech svých sil pečoval o malomocné. Byl také vězněn za to, že odmítl uctívat Boha v japonských válečných svatyních za japonské vlády v Koreji. Navzdory své obětavé službě Bohu si musel vyslechnout šokující zprávy. V říjnu 1948 byli dva z jeho synů zabiti levicovými vojáky ve vzpouře proti vládnoucí moci.

Obyčejní lidé by si stěžovali na Boha slovy: „Kdyby byl Bůh opravdu živý, jak by mi to mohl udělat?" Ale on pouze vzdal díky za to, že se dva jeho synové stali mučedníky a jsou v nebi po boku Pána. Navíc odpustil vzbouřenci, který zabil jeho dva syny a dokonce ho adoptoval jako svého syna. Vzdal Bohu díky na pohřbu svých synů devíti stanovisky, které se velmi hluboko dotkly srdcí mnoha lidí.

„Nejprve ze všeho děkuji za to, že se mí synové stali mučedníky, i když se narodili v mé pokrevní linii, protože jsem plný nepravostí.

Za druhé, děkuji za to, že Bůh přidal tyto drahé mezi tolika věřícími rodinami právě do mé rodiny.

Za třetí, děkuji za to, že se můj první a druhý syn, kteří byli nejkrásnější mezi mými třemi syny a třemi dcerami, oba obětovali.

Za čtvrté, je těžké, když se jeden syn stane

mučedníkem, ale já, který mám dva syny, kteří se stali mučedníky, za to děkuji.

Za páté, je požehnání zemřít v pokoji s vírou v Pána Ježíše a já děkuji, že mí synové obdrželi slávu mučednictví, když byli zastřeleni a zabiti, zatímco kázali evangelium.

Za šesté, připravovali se odejít studovat do Spojených Států a nyní odešli do nebeského království, což je mnohem lepší místo než Spojené státy. Přináší mi to útěchu a děkuji za to.

Za sedmé, děkuji Bohu za to, že mi umožnil adoptovat jako nevlastního syna nepřítele, který zabil mé syny.

Za osmé, děkuji, protože věřím, že skrze mučednictví mých dvou synů zde bude hojné ovoce z nebe.

Za deváté, děkuji Bohu, který mi umožnil uvědomit si Boží lásku, abych se dokázal radovat i v takovém utrpení."

Aby se mohl starat o nemocné, neevakuoval se pastor Yang Won Sohn ani během korejské války. Nakonec byl umučen komunistickými vojáky. Staral se o nemocné lidi, kteří byli druhými zcela opomenuti, a s dobrotou jednal i se svým nepřítelem, který zabil jeho syny. Jen proto, že byl plný opravdové lásky k Bohu a ostatním duším, dokázal se obětovat takovým způsobem.

V Koloským 3:14 nám Bůh říká: *"Především však mějte lásku, která všechno spojuje k dokonalosti."* I kdybychom mluvili krásnými andělskými slovy, měli schopnost prorokovat, víru hory přenášet a dokázali se obětovat za potřebné, tyto skutky nejsou ničím dokonalým v Božích očích, pokud je nevykonáme z opravdové lásky. Nyní, abychom se dostali do ničím neomezeného rozměru Boží lásky, ponořme se do každého jednoho významu obsaženého v opravdové lásce.

Vlastnosti lásky

„Láska je trpělivá, laskavá, nezávidí, láska se nevychloubá a není domýšlivá. Láska nejedná nečestně, nehledá svůj prospěch, nedá se vydráždit, nepočítá křivdy. Nemá radost ze špatnosti, ale vždycky se raduje z pravdy. Ať se děje cokoliv, láska vydrží, láska věří, láska má naději, láska vytrvá."

1 Korintským 13:4-7

Ve 24. kapitole Matoušova evangelia najdeme scénu, ve které Ježíš běduje při pohledu na Jeruzalém a uvědomuje si, že se jeho čas blíží. Musel být pověšen na kříž v Boží prozíravosti, ale když pomyslel na neštěstí, která přijdou na Židy a Jeruzalém, nemohl si pomoci než naříkat. Učedníci se divili proč a zeptali se ho: *„Pověz nám, kdy to nastane a jaké bude znamení tvého příchodu a skonání věku!"* (v. 3)

A tak jim Ježíš pověděl o mnoha znameních a zarmouceně řekl, že láska bude chladnout: *„A protože se rozmůže nepravost, vychladne láska mnohých"* (v. 12).

V dnešní době můžeme s jistotou vnímat, že láska lidí chladne. Mnoho lidí hledá lásku, ale nevědí, co je to opravdová, tudíž duchovní láska. Opravdovou lásku nemůžeme získat jen proto, že ji chceme mít. Můžeme ji začít získávat, až když do našeho srdce přijde Boží láska. Potom můžeme začít chápat, co to je a také zavrhnout zlo z našeho srdce.

Římanům 5:5 říká: *„A naděje neklame, neboť Boží láska je vylita do našich srdcí skrze Ducha svatého, který nám byl dán."* Jak je zde řečeno, Boží lásku můžeme vnímat skrze Ducha svatého v našem srdci.

Bůh nám říká o každé z vlastností duchovní lásky v 1 Korintským 13:4-7. Boží děti se o nich potřebují dozvědět a uskutečňovat je, aby se mohly stát posly lásky, kteří dají lidem zakusit duchovní lásku.

1. Láska je trpělivá

Pokud někdo mezi všemi ostatními vlastnostmi duchovní lásky postrádá trpělivost, může druhé snadno odradit. Dejme tomu, že nadřízený dá někomu za úkol určitou práci a daný pracovník nevykoná práci pořádně. A tak dá nadřízený rychle dokončit práci někomu jinému. Původní pracovník, kterému byla práce zadána, může upadnout v zoufalství, že mu nebyla dána druhá šance práci dokončit, když ji neudělal dobře. Bůh dal na první místo vlastností duchovní lásky ,trpělivost', protože je to nejzákladnější vlastnost pro tříbení duchovní lásky. Pokud máme lásku, čekání pro nás není nudné.

Jakmile si uvědomíme Boží lásku, snažíme se tuto lásku sdílet s lidmi okolo nás. Občas, když se snažíme tímto způsobem milovat druhé, dostaneme od lidí protichůdnou reakci, která nám může zlomit srdce nebo nám způsobit velikou ztrátu či škodu. Potom se na nás tito lidé už nedívají mile a my jim nebudeme moci dobře porozumět. Abychom měli duchovní lásku, musíme mít i s těmito lidmi trpělivost a milovat je. Třebaže nás pomlouvají, nenávidí nebo se snaží nám působit nesnáze, musíme mít svou mysl pod kontrolou, abychom byli trpěliví a milovali je.

Jeden z členů církve mě jednou požádal, abych se modlil za deprese jeho ženy. Rovněž mi pověděl, že je pijan a jakmile začne pít, stane se úplně jiným člověkem a svým rodinným příslušníkům ztrpčuje život. Jeho žena s ním však měla pokaždé trpělivost a snažila se přikrýt jeho poklesek láskou. Jeho zlozvyk se ale nikdy nezměnil a postupem času se stal alkoholikem. Jeho žena ztratila elán do života a přepadly ji deprese.

Kvůli svému pití své rodině velmi ztrpčoval život, ale přišel si ke mně pro modlitbu, protože stále svou ženu miloval. Potom, co jsem vyslechl jeho příběh, řekl jsem mu: „Pokud opravdu miluješ svou ženu, proč je pro tebe tak těžké s kouřením a pitím skončit?" Neřekl nic a zdálo se, že postrádá sebedůvěru. Bylo mi jeho rodiny líto. Modlil jsem se za jeho ženu, aby se uzdravila z depresí a modlil jsem se za něho, aby dostal sílu s kouřením a pitím skončit. Boží moc je úžasná! Dokázal přestat myslet na pití hned po mé modlitbě. Předtím neexistoval žádný způsob, že by mohl přestat pít, ale hned po modlitbě prostě s pitím skoncoval. Jeho žena se rovněž uzdravila z depresí.

Mít trpělivost je počátek duchovní lásky

Abychom tříbili duchovní lásku, musíme mít s ostatními trpělivost v jakékoliv situaci. Trpíte ve své vytrvalosti neklidem? Nebo jste jako v případě ženy z příběhu odrazeni, pokud jste trpěliví po dlouhou dobu a situace se vůbec nemění k lepšímu? Potom dříve než hodíme vinu na okolnosti a lidi okolo sebe, musíme nejprve zkoumat své srdce. Pokud jsme zcela tříbili pravdu ve svém srdci, neexistuje situace, ve které bychom nedokázali být trpěliví. Tudíž jestliže nedokážeme být trpěliví, znamená to, že je v našem srdci stále zlo, které je z nepravdy, a do stejné míry pak postrádáme trpělivost.

Být trpěliví znamená, že jsme trpěliví sami se sebou a všemi těžkostmi, se kterými se setkáváme, když se snažíme ukázat opravdovou lásku. Když se pokoušíme milovat každého v poslušnosti Božího slova, mohou nastat obtížné situace, a zůstat trpěliví ve všech těchto situacích je trpělivost duchovní lásky.

Tato trpělivost se však liší od trpělivosti, která je jedním z devíti druhů ovoce Ducha svatého v Galatským 5:22-23. V čem se liší? „Trpělivost", která je jedním z devíti druhů ovoce Ducha svatého, nás nabádá k tomu, abychom byli trpěliví ve všem pro Boží království a spravedlnost, zatímco trpělivost v duchovní lásce znamená být trpěliví, abychom tříbili duchovní lásku, a tak má užší a specifičtější význam. Můžeme říci, že spadá do trpělivosti, která je jedním z devíti druhů ovoce Ducha svatého.

V dnešní době lidé velmi snadno vznášejí proti druhým žalobu za způsobení sebenepatrnější škody na jejich majetku nebo na jejich zdraví. Mezi lidmi existuje záplava soudních sporů. Mnohokrát podávají žalobu na své vlastní manželky nebo manžely nebo dokonce na své vlastní rodiče nebo děti. Pokud máte s druhými trpělivost, lidé se vám mohou dokonce vysmívat se slovy, že jste hlupáci. Co však říká Ježíš?

V Matoušovi 5:39 se říká: *„Já však vám pravím, abyste se zlým nejednali jako on s vámi; ale kdo tě uhodí do pravé tváře, nastav mu i druhou,"* a v Matoušovi 5:40: *„A tomu, kdo by se chtěl s tebou soudit o košili, nech i svůj plášť."*

Ježíš nám nejenom říká, že nemáme oplácet zlé zlým, ale že máme být trpěliví. Také nám říká, abychom lidem, kteří jsou zlí, prokazovali dobro. Můžeme si myslet: ‚Jak jim můžeme prokazovat dobro, když se tak zlobíme a jsme zraněni?' Máme-li víru a lásku, jsme víc než schopní to učinit. Je to víra v Boží lásku, kterou nám dal Boží jednorozený Syn jako usmíření za naše hříchy. Pokud věříme, že jsme obdrželi takovou lásku, potom můžeme odpustit i těm lidem, kteří nám způsobili veliké utrpení a zranili nás. Jestliže milujeme Boha, který nás miloval až do bodu, kdy za nás dal svého jediného Syna a jestliže milujeme Pána, který za nás dal svůj vlastní život, budeme moci milovat kohokoliv a každého.

Trpělivost bez hranic

Někteří lidé potlačují svou nenávist, zlost nebo temperament a jiné špatné emoce, dokud nakonec nedosáhnou limitu své trpělivosti a nevybuchnou. Někteří introvertně založení lidé se snadno neprojevují, ale pouze trpí uvnitř ve svém srdci. To pak vede k nepříznivé zdravotní kondici způsobené nadměrným stresem. Taková trpělivost se podobá stlačení kovové pružiny rukama dolů. Pokud své ruce stáhnete, pružina vyskočí a odlétne pryč.

Trpělivost, kterou po nás chce Bůh, je zůstat trpěliví až do konce bez toho, že bychom změnili svůj postoj. Abych byl

Trpělivost jako jedno z devíti druhů ovoce Ducha svatého	1. Znamená odvrhnout veškeré nepravdy a tříbit své srdce pravdou 2. Znamená porozumět druhým, hledat jejich prospěch a žít s nimi v pokoji 3. Znamená dostávat odpovědi na modlitby, získat spasení a všechny věci, které Bůh zaslíbil

přesnější, kdybychom měli takovou trpělivost, nemuseli bychom být trpěliví s ničím. Neshromažďovali bychom nenávist a zlost ve svém srdci, ale odstraňovali původní špatnou přirozenost, která nám způsobuje špatné emoce, a proměnili bychom ji v lásku a soucit. To je podstata duchovního významu trpělivosti. Pokud nemáme žádné zlo ve svém srdci, ale pouze duchovní lásku v plnosti, není obtížné milovat dokonce i své nepřátele. Ve skutečnosti na prvním místě ani nedovolíme, aby se rozvinulo nějaké nepřátelství.

Je-li naše srdce plné nenávisti, svárlivosti, závisti a žárlivosti, nejprve uvidíme negativní stránky druhých lidí, ačkoliv jsou ve skutečnosti dobrosrdeční. Je to, jako když nosíte sluneční brýle a všechno vypadá tmavší. Na druhou stranu však, pokud je naše srdce plné lásky, potom se dokonce i ti lidé, kteří jednají se špatnou vůlí, stále jeví mile. Nezáleží na tom, jaký nedostatek, nedokonalost, chybu nebo slabost mohou mít, přesto je nebudeme nenávidět. I kdyby nás nenáviděli a jednali vůči nám zle, nebudeme je na oplátku nenávidět.

Trpělivost je také v srdci Ježíše, který ,nalomenou třtinu nedolomí a doutnající knot neuhasí'. Je v srdci Štěpána, který se modlil dokonce i za ty, kteří ho kamenovali, slovy: *„Pane, odpusť jim tento hřích!"* (Skutky 7:60). Ukamenovali ho pouze za to, že jim zvěstoval evangelium. Bylo pro Ježíše těžké milovat hříšníky? V žádném případě! To proto, že jeho srdce je pravda samotná.

Jednoho dne položil Petr Ježíši otázku. *„Pane, kolikrát mám odpustit svému bratru, když proti mně zhřeší? Snad až sedmkrát?"* (Matouš 18:21). Na to Ježíš řekl: *„Pravím ti, ne sedmkrát, ale až sedmdesát sedmkrát"* (v. 22).

To neznamená, že bychom měli odpustit pouze sedmdesátkrát sedmkrát, což je 490x. Číslovka sedm symbolizuje v duchovním slova smyslu dokonalost. Proto odpustit sedmdesátkrát sedmkrát znamená dokonalé odpuštění. Zde můžeme vnímat Ježíšovu bezmeznou lásku a odpuštění.

Trpělivost, která dosahuje duchovní lásky

Samozřejmě, že není jednoduché změnit přes noc naši nenávist v lásku. Musíme být po dlouhou dobu trpěliví, a to bez ustání. Efezským 4:26 říká: „*Hněváte-li se, nehřešte. Nenechte nad svým hněvem zapadnout slunce.*"

,Hněváte-li se' se zde říká při adresování těch, kdo mají slabou víru. Bůh těmto lidem říká, že i když se díky nedostatku víry nahněvají, nesmějí v sobě přechovávat hněv až do doby, než zapadne slunce, tedy ,po dlouhou dobu', ale mají nechat tyto pocity odeznít. V rámci míry víry každého, i když u člověka mohou vzrůst špatné emoce nebo z jeho srdce vzejít hněv, tak pokud se pokusí tyto pocity zavrhnout trpělivostí a vytrvalostí, může změnit své srdce v pravdu a postupně v jeho srdci naroste duchovní láska.

Co se týče hříšné přirozenosti, která zakořenila uvnitř našeho srdce, člověk ji může zavrhnout horlivými modlitbami v plnosti Ducha svatého. Je velmi důležité, abychom se pokusili nahlížet na lidi, kteří se nám nelíbí, s náklonností a projevovali jim skutky dobroty. Když to uděláme, závist z našeho srdce brzy zmizí a my potom budeme schopni tyto lidi milovat. Nebudeme mít konflikty a nebude existovat nikdo, koho bychom nenáviděli.

Budeme rovněž moci žít šťastný život jako v nebi, zrovna jako řekl Pán: „*Vždyť království Boží je mezi vámi!*" (Lukáš 17:21). Když jsou lidé velmi šťastní, říkají, že je to jako v nebi. Podobně království Boží mezi vámi odkazuje na to, abyste zavrhli veškerou nepravdu ze svého srdce a naplnili své srdce pravdou, láskou a dobrotou. Potom nemusíte být trpěliví, protože jste vždy šťastní, radujete se a jste plní milosti, a protože milujete každého okolo sebe. Čím více zahodíte zla a dosáhnete dobroty, tím méně potřebujete být trpěliví. Do té míry, do jaké dosáhnete duchovní lásky, nebudete muset být trpěliví při potlačování svých pocitů a budete moci trpělivě a pokojně s láskou čekat na proměnu druhých.

V nebi již nebude ani žalu ani nářku ani bolesti. Protože v nebi není vůbec žádné zlo, ale jen dobrota a láska, nebudete nikoho nenávidět, na nikoho se zlobit ani na nikoho nevybuchnete. A tak nebudete muset držet na uzdě své emoce ani je muset ovládat. Samozřejmě, že náš Bůh nemusí být v ničem trpělivý, protože je láska samotná. Důvod, proč Bible říká, že ‚láska je trpělivá', je ten, že my jako lidé máme duši, myšlenky a mentální stereotypy. Bůh chce lidem pomoci pochopit to. Čím více zahodíte zla a dosáhnete dobroty, tím méně potřebujete být trpěliví.

Trpělivostí změníte nepřítele v přítele

Abraham Lincoln, šestnáctý prezident Spojených států, a Edwin Stanton spolu v době, když byli právníky, nevycházeli zrovna dobře. Stanton pocházel z bohaté rodiny a dostalo se mu dobrého vzdělání. Lincolnův otec byl chudý švec a nedokončil ani základní školu. Stanton se Lincolnovi vysmíval krutými slovy. Lincoln se však nikdy nerozzlobil a nikdy mu jeho slova neoplatil. Potom, co byl Lincoln zvolen prezidentem, jmenoval Stantona ministrem války, což byla jedna z nejdůležitějších pozic v kabinetu. Lincoln věděl, že Stanton je ten správný člověk. Později, když byl Lincoln zastřelen ve Fordově divadle, mnoho lidí běželo pryč jako o život. Ale Stanton běžel přímo k Lincolnovi. Když držel Lincolna ve svých pažích, tak s očima zalitýma slzami řekl: „Zde leží z pohledu světa největší muž. Největší vůdce v dějinách." Trpělivost v duchovní lásce může způsobit takové zázraky jako proměnu nepřítele v přítele. Matouš 5:45 říká: *„Abyste byli syny nebeského Otce; protože on dává svému slunci svítit na zlé i dobré a déšť posílá na spravedlivé i nespravedlivé."*

Bůh má trpělivost i s těmi lidmi, kteří se dopouštějí zla, a chce, aby se jednoho dne změnili. Pokud jednáme se zlými lidmi zle, znamená to, že jsme rovněž zlí, ale pokud jsme trpěliví a milujeme je vzhlížejíce k Bohu, který nás odmění, obdržíme později překrásný příbytek v nebi (Žalm 37:8-9).

2. Láska je laskavá

Mezi Ezopovými bajkami existuje příběh o slunci a větru. Jednoho dne se slunce a vítr vsadili, kdo dřív stáhne z kolemjdoucího člověka plášť. Vítr začal jako první, triumfálně zafoukal a dul tak silně, až závan větru převrhl strom. Člověk se však ve výsledku do pláště ještě víc zachumlal. Potom se dostalo na řadu slunce a s úsměvem na tváři vydalo sluneční světlo. Přitom, jak se oteplilo, se udělalo člověku horko a plášť si sám brzy sundal. Tento příběh nám uděluje velmi dobrou lekci. Vítr se pokoušel sundat plášť z člověka násilím, ale slunce se snažilo o to, aby si člověk sundal plášť dobrovolně sám. Laskavost je něco podobného. Laskavost se má dotknout srdcí druhých a získat je ne násilím, ale dobrotou a láskou.

Laskavost přijímá jakéhokoliv člověka

Ten, kdo je laskavý, dokáže přijmout jakéhokoliv člověka a mnoho lidí si dokáže po jeho boku oddechnout. Slovníková definice laskavosti je ‚vlastnost nebo schopnost být vlídný' a být vlídný znamená mít shovívavou povahu. Pokud pomyslíte na kus vaty, porozumíte laskavosti ještě lépe. Vata nevydá žádný zvuk, ani když do ní narazí jiné předměty. Prostě všechny ostatní předměty pojme do sebe.

Laskavý člověk je také jako strom, u kterého najde mnoho lidí oddech. Když se za horkého letního dne schováte pod velký strom, abyste se vyhnuli spalující sluneční záři, cítíte se náhle mnohem lépe a zchladíte se. Podobně, pokud má někdo laskavé srdce, mnoho lidí bude chtít být po jeho boku a oddechnout si. Když je člověk tak laskavý a mírný, že se nerozzlobí na nikoho, kdo ho obtěžuje, a netrvá na svých vlastních názorech, obvykle se říká, že je pokorným a dobrosrdečným člověkem. Avšak bez ohledu na to, jak mírný a pokorný je, pokud tuto dobrotu neuzná Bůh, nemůže být považován za skutečně pokorného člověka. Jsou takoví, kteří poslouchají druhé jen proto, že je jejich povaha slabá a konzervativní. Existují také jiní, kteří potlačují svůj hněv, když jim druzí lidé ztrpčují život, i když jsou ve své mysli rozčilení. Nemohou však být pokládáni za laskavé. Lidé, kteří v sobě nemají žádné zlo, ale mají ve svém srdci pouze lásku, přijímají a snášejí zlé lidi s duchovní pokorou.

Bůh chce duchovní laskavost

Duchovní laskavost je výsledkem plnosti duchovní lásky, která v sobě nemá žádné zlo. S touto duchovní laskavostí nestojíte proti nikomu, ale přijímáte každého bez ohledu na to, jak velký ničema to může být. Vytrváte, protože jste moudří. Musíme však pamatovat na to, že nemůžeme být pokládáni za laskavé jen proto, že bezpodmínečně rozumíme druhým, odpouštíme jim a jsme vůči každému vlídní. Musíme mít v sobě také spravedlnost, důstojnost a autoritu, abychom mohli vést a ovlivňovat druhé. A tak není duchovní člověk pouze vlídný, ale také moudrý a přímý. Takový člověk žije příkladný život. Abychom duchovní laskavost více specifikovali, znamená to mít uvnitř svého srdce pokoru stejně jako navenek ryzí velkorysost.

I když máme laskavé srdce, které v sobě nemá žádné zlo, ale jen dobro, tak pokud máme pouze vnitřní laskavost, tato laskavost samotná nezpůsobí, že budeme přijímat druhé a mít na ně pozitivní vliv. A tak, když máme nejenom vnitřní laskavost, ale také vnější rysy ryzí velkorysosti, naše laskavost může být dokonalá a my budeme projevovat větší moc. Pokud máme velkorysost spolu s laskavým srdcem, můžeme získat srdce mnoha lidí a dosáhnout toho mnohem více.

Člověk může projevit opravdovou lásku k druhým, když má dobrotu a laskavost v srdci, plnost soucitu a ryzí velkorysost, aby dokázal vést ostatní na správnou cestu. Potom může dovést mnoho duší na cestu spasení, což je ta jediná správná cesta. Laskavost uvnitř nemůže vyzařovat své světlo bez ryzí velkorysosti navenek. Nyní se pojďme nejprve podívat na to, co bychom měli udělat, abychom tříbili vnitřní laskavost.

Standardem k měření vnitřní laskavosti je posvěcení

Abychom dosáhli laskavosti, musíme se nejprve ze všeho zbavit špatnosti ve svém srdci a stát se posvěcenými. Laskavé srdce je jako vata, a i když někdo jedná agresivně, nevydá žádný zvuk, ale pouze člověka obejme. Ten, kdo má laskavé srdce, nemá žádné zlo a nemá s žádným člověkem žádný konflikt. Pokud však máme nabroušené srdce plné nenávisti, žárlivosti a závisti nebo tvrdé srdce plné sebespravedlnosti a neústupných vlastních stereotypů, je pro nás těžké přijímat ostatní.

Jestliže spadne kámen a udeří o jiný pevný kámen nebo tupý kovový předmět, vydá zvuk a odrazí se. Stejným způsobem, pokud je naše tělesné já stále naživu, odhalíme své nepříjemné pocity, třebaže nám druzí způsobí byť sebemenší potíž. Když jsou lidé považováni za ty, kdo mají nedostatky v charakteru a jiné chyby, nemusíme je přikrýt, ochránit nebo jim porozumět, ale namísto toho je můžeme soudit, odsuzovat, pomlouvat a osočovat. Potom to znamená, že jsme jako malá nádoba, která přetéká, pokud se do ní pokoušíte něco dát. Je to malé srdce, které je naplněné mnoha špinavými věcmi a které nemá žádné další místo přijmout cokoliv jiného. Například se můžeme cítit uraženi, pokud druzí poukážou na naše chyby. Nebo když vidíme druhé, jak si šuškají, můžeme si myslet, že mluví o nás a lámat si hlavu nad tím, o čem mluví. Můžeme dokonce soudit druhé jen proto, že na nás vrhají letmé pohledy.

Nemít v srdci žádné zlo je základní podmínka k tříbení laskavosti. Důvodem je, že když v srdci není žádné zlo, můžeme ve svém srdci chovat druhé lidi a dívat se na ně skrze dobrotu a lásku. Laskavý člověk se dívá na druhé po celou dobu se slitováním a soucitem. Nemá žádný záměr soudit nebo odsuzovat druhé, pouze se snaží porozumět druhým s láskou a dobrotou, a díky jeho vřelosti roztávají dokonce i srdce zlých lidí.

Je obzvláště důležité, aby byli posvěceni ti, kdo vyučují a vedou druhé. A to proto, že do té míry, do jaké v sobě mají zlo, budou využívat své vlastní tělesné myšlenky. Do stejné míry nedokážou správně rozlišit stav svého stáda, takže nemohou vést duše na zelené pastviny a k tichým vodám. Pouze tehdy, když jsme zcela posvěceni, můžeme obdržet vedení Duchem svatým a rozumět správně stavu stáda, takže ho můžeme vést tou nejlepší možnou cestou. Bůh může také uznat za skutečně laskavé pouze ty, kdo jsou zcela posvěceni. Různí lidé mají různá měřítka toho, jací lidé jsou laskaví lidé. Laskavost v lidských očích a laskavost v Božích očích se však od sebe diametrálně liší.

Bůh uznával Mojžíšovu laskavost

V Bibli to je právě Mojžíš, kdo byl Bohem uznáván za svou laskavost. O tom, jak důležité je být uznáván Bohem, se můžeme dozvědět z 12. kapitoly knihy Numeri. Jednou Mojžíšův bratr Áron a jeho sestra Mirjam kritizovali Mojžíše za to, že se oženil s kúšskou ženou.

Numeri 12:2 prohlašuje: *"Říkali: ,Což Hospodin mluví jenom prostřednictvím Mojžíše? Což nemluví i naším prostřednictvím?' Hospodin to slyšel."*

Co Bůh řekl na jejich slova? *"S ním mluvím od úst k ústům ve viděních, ne v hádankách; smí patřit na zjev Hospodinův. Jak to, že se tedy nebojíte mluvit proti mému služebníku Mojžíšovi?"* (Numeri 12:8)

Odsuzující komentáře Mirjam a Árona Boha rozzuřily. Kvůli tomu se Mirjam stala malomocnou. Áron byl něco jako mluvčí Mojžíše a Mirjam rovněž patřila mezi vůdce shromáždění. Protože si mysleli, že je Bůh také tak miluje a uznává, tak když měli za to, že Mojžíš udělal něco špatně, hned ho kvůli tomu kritizovali.

Bůh ale od Árona a Mirjam odsuzování Mojžíše ani řeči proti němu podle jejich vlastních měřítek nepřijal. Jaký člověk byl

Mojžíš? Bůh ho pokládal za nejpokornějšího a nejmírnějšího ze všech lidí na zemi. Byl rovněž věrný v celém Božím domě a kvůli tomu mu Bůh důvěřoval natolik, že s ním mohl Mojžíš mluvit od úst k ústům.

Pokud se podíváme na to, jak probíhal únik izraelského lidu z Egypta a jejich vejití do kenaanské země, dokážeme porozumět tomu, proč si Bůh považoval Mojžíše tak vysoko. Lid, který vyšel z Egypta, se opakovaně dopouštěl hříchů, čímž šel proti Boží vůli. Reptali proti Mojžíšovi a obviňovali ho i za ty sebenepatrnější potíže a to bylo stejné jako reptat proti Bohu. Pokaždé, když reptali, Mojžíš prosil Boha o slitování.

Došlo také k incidentu, který dramaticky poukázal na Mojžíšovu laskavost. Zatímco byl Mojžíš na hoře Sínaj, aby obdržel desatero, lid si vytvořil modlu – zlatého býčka – a jedli, pili a oddávali se sobě navzájem v hýření, zatímco býčka uctívali. Egypťané uctívali bohy jako býka a krávu a tyto bohy napodobovali. Bůh Izraelitům mnohokrát ukázal, že je s nimi, ale oni neprojevili žádnou známku proměny. Nakonec na ně dopadl Boží hněv. Avšak v té chvíli se za ně přimluvil Mojžíš a souběžně za ně dával jako záruku svůj život: *„Můžeš jim ten hřích ještě odpustit? Ne-li, vymaž mě ze své knihy, kterou píšeš!"* (Exodus 32:32)

‚Ze své knihy, kterou píšeš' se vztahuje na knihu života, která zaznamenává jména těch, kteří jsou spaseni. Pokud je vaše jméno vymazáno z knihy života, nemůžete být spaseni. To neznamená, že pouze nezískáte spasení, ale znamená to, že budete muset navěky trpět v pekle. Mojžíš velmi dobře věděl o životě po smrti, ale chtěl zachránit lid i za cenu, že by se musel vzdát svého spasení. Toto

Mojžíšovo srdce bylo velmi podobné srdci Boha, který nechce, aby kdokoliv zahynul.

Mojžíš tříbil laskavost prostřednictvím zkoušek

Samozřejmě, že Mojžíš neměl takovou laskavost od počátku. Ačkoliv byl Hebrejec, byl vychován jako syn egyptské princezny a nic mu nechybělo. Dostalo se mu vzdělání nejvyšší třídy egyptského vědění a bojových dovedností. Měl v sobě také pýchu a sebespravedlnost. Jednoho dne uviděl Egypťana, jak bije Hebrejce a ve své sebespravedlnosti Egypťana zabil.

Kvůli tomu se stal přes noc uprchlíkem. Naštěstí se stal s pomocí midjánského kněze pastýřem v poušti, ale všechno ztratil. Pečovat o stádo je něco, co pokládají Egypťané za něco velmi nízkého. Po čtyřicet let musel dělat to, na co se předtím díval spatra. Mezitím se zcela pokořil a uvědomil si mnoho věcí o Boží lásce a o životě.

Bůh nepovolal Mojžíše, egyptského prince, k tomu aby byl vůdcem izraelského lidu. Bůh povolal pastýře Mojžíše, který se mnohokrát pokořil dokonce i při tom, když ho Bůh povolal. Prostřednictvím zkoušek se zcela pokořil a zavrhnul zlo ze svého srdce a z toho důvodu mohl vyvést více než 600 000 lidí z Egypta do kenaanské země.

A tak je při tříbení laskavosti důležitou věcí to, že musíme tříbit dobrotu a lásku tím, že se pokoříme před Bohem ve zkouškách, které na nás dopustí. Rozsah naší pokory činí také rozdíl v naší laskavosti. Pokud jsme spokojeni s naším současným stavem a máme za to, že jsme do určité míry tříbili pravdu a že si nás druzí považují, jako tomu bylo v případě Árona a Mirjam, budeme pouze domýšlivější.

Ryzí velkorysost zdokonaluje duchovní laskavost

Abychom mohli tříbit duchovní laskavost, nesmíme se pouze stát duchovně posvěcenými zavržením každé formy zla, ale musíme také tříbit ryzí velkorysost. Ryzí velkorysost znamená doširoka chápat a spravedlivě přijímat druhé; udělat správnou věc podle povinností člověka; mít povahu umožnit druhým podřídit a poddat své srdce, rozumět přitom jejich nedostatkům a přijímat je, to vše bez jakéhokoli násilí. Takoví lidé mají lásku budit odvahu a důvěru v druhých.

Ryzí velkorysost je jako oblečení, které lidé nosí. Bez ohledu na to, jak dobří jsme uvnitř, tak pokud budeme nazí, druzí se na nás budou dívat spatra. Podobně, bez ohledu na to, jak jsme laskaví, nebudeme moci tuto svou laskavost projevit, dokud nebudeme mít ryzí velkorysost. Například, člověk je uvnitř laskavý, ale když mluví s druhými, říká mnoho zbytečných věcí. Takový člověk nemá zlý úmysl, když to dělá, ale nemůže získat skutečnou důvěru druhých, protože opravdu nevypadá, že by byl řádně vychovaný nebo vzdělaný. Někteří lidé nechovají žádné špatné emoce, protože jsou laskaví, a ani druhým nezpůsobují žádnou újmu. Pokud však aktivně nepomáhají druhým nebo se o druhé pečlivě nestarají, je pro ně obtížné získat srdce mnoha lidí.

Květiny, které nemají překrásné barvy nebo příjemnou vůni, k sobě nemohou přitáhnout žádné včely ani motýly, i kdyby měly spoustu nektaru. Podobně, třebaže jsme velmi milí a dokážeme nastavit druhou tvář, když nás někdo uhodí do pravé tváře, naše laskavost opravdově nezazáří, dokud nemáme ryzí velkorysost i ve svých slovech a činech. Opravdové laskavosti můžeme dosáhnout a její pravou hodnotu ukázat pouze tehdy, když je vnitřní laskavost oděna vnější ryzí velkorysostí.

Josef tuto ryzí velkorysost měl. Byl jedenáctým synem Jákoba, otce celého Izraele. Jeho bratři ho nenáviděli a prodali ho v mladém věku jako otroka do Egypta. S Boží pomocí se ve věku třiceti let stal správcem celé egyptské země. Egypt byl v té době velmi silným národem soustředěným okolo Nilu. Byl jedním ze čtyř velkých ,kolébek civilizace'. Jak vládci, tak egyptský lid na sebe byli velmi hrdí a pro cizince nebylo vůbec snadné se stát správcem této země. Kdyby Josef udělal byť jednu jedinou chybu, musel by neprodleně odstoupit.

I v takové situaci však Josef vládl Egyptu velmi dobře a velmi moudře. Byl laskavý a pokorný a nedopouštěl se svými slovy a činy žádných chyb. Měl také moudrost a důstojnost vládce. Měl moc, jejíž velikost byla na druhém místě hned po králi, ale nepokoušel se lidi ovládat ani se nad nimi vyvyšovat. Byl sám na sebe přísný, ale velmi velkorysý a vlídný k druhým. Proto král a ministři okolo něj nemuseli být k němu obezřetní a ostražití nebo na něj žárlit; vložili v něj veškerou svou důvěru. Tuto skutečnost můžeme vyvodit z toho, když vezmeme v úvahu, jak vřele Egyťané uvítali Josefovu rodinu, která se přestěhovala z Kenaanu do Egypta, aby unikla velkému hladomoru.

Josefova laskavost byla doprovázená ryzí velkorysostí

Pokud má někdo tuto ryzí velkorysost, znamená to, že má široké srdce a že by nevynesl nad druhými rozsudek nebo je neodsoudil podle svých vlastních měřítek, třebaže je ve svých slovech a skutcích přímý. Tato Josefova vlastnost se dobře projevila, když jeho bratři, kteří ho prodali do otroctví do Egypta, přišli do Egypta získat nějaké jídlo. Nejprve bratři Josefa nepoznali. To je vcelku pochopitelné, protože ho více než dvacet let neviděli. Navíc, rozhodně by si nepředstavovali, že se Josef stal správcem celého Egypta. A nyní, co cítil Josef, když viděl své bratry, kteří ho téměř zabili a nakonec prodali do otroctví do Egypta? Měl dostatečně velikou moc, aby je nechal za jejich hřích zaplatit. Josef se však nechtěl pomstít. Skryl svou identitu a několikrát je zkoušel, aby zjistil, zda je jejich srdce stejné jako v minulosti.

Josef jim vlastně dal šanci, aby sami ze svých hříchů činili před Bohem pokání, protože hřích spočívající v plánu zabít a prodat svého vlastního bratra jako otroka do jiné země nebyl ničím bezvýznamným. Nejenom, že jim nekriticky neodpustil nebo je nepotrestal, ale vedl situaci tak, aby jeho bratři mohli činit pokání ze svých hříchů sami. Nakonec, poté co se jeho bratři rozpomenuli na svou chybu a litovali, Josef odkryl svou identitu.

V té chvíli se ho jeho bratři polekali. Jejich životy byly v rukou jejich bratra Josefa, který byl nyní vládcem Egypta, v té době nejsilnějšího národa na zemi. Josef však netoužil po tom se jich ptát, proč udělali to, co udělali. Nevyhrožoval jim slovy: „Nyní zaplatíte za své hříchy." Spíše se je snažil uklidnit a upokojit jejich mysl. „Avšak netrapte se teď a nevyčítejte si, že jste mě sem prodali, neboť mě před vámi vyslal Bůh pro zachování života" (Genesis 45:5).

Uznal skutečnost, že všechno bylo Božím plánem. Nejenom, že Josef svým bratrům ze srdce odpustil, ale také utěšil jejich srdce dojemnými slovy a dal jim najevo své úplné pochopení. To znamená, že Josef projevil čin, který by mohl dojmout i nepřátele, což je vnější ryzí velkorysost. Josefova laskavost doprovázená ryzí velkorysostí byla zdrojem moci k záchraně mnoha životů v Egyptě a okolo něj a základem k dosažení úžasného Božího plánu. Jak bylo až doteď vysvětleno, ryzí velkorysost je vnějším vyjádřením vnitřní laskavosti, může získat srdce mnoha lidí a projevit velikou moc.

K ryzí velkorysosti je nezbytné posvěcení

Zrovna jako vnitřní laskavosti může být dosaženo prostřednictvím posvěcení, ryzí velkorysost lze rovněž tříbit, když zavrhneme zlo a staneme se posvěcenými. Samozřejmě, že i když někdo není posvěcený, může do určité míry projevovat ryzí a velkorysé činy vzhledem ke svému vzdělání nebo protože se narodil s širokým srdcem. Opravdová ryzí velkorysost však může vycházet jen ze srdce, které je svobodné od zla a které následuje pouze pravdu. Pokud chceme tříbit ryzí velkorysost, nestačí k tomu pouze vytrhnout hlavní kořeny zla z našeho srdce. Musíme zavrhnout i stopy zla (1 Tesalonickým 5:22).

V Matoušovi 5:48 je uvedeno: „*Buďte tedy dokonalí, jako je dokonalý váš nebeský Otec.*" Když odhodíme všechny podoby zla ze svého srdce a staneme se bezúhonnými ve svých slovech, skutcích a chování, můžeme třibit laskavost, takže u nás nalezne mnoho lidí oddech. Z toho důvodu nesmíme být spokojeni, když konečně dosáhneme úrovně, kde jsme zavrhli takové zlo jako závist, žárlivost, domýšlivost a prchlivost. Musíme také odstranit i menší přečiny těla a projevovat skutky pravdy prostřednictvím Božího slova a horlivých modliteb a tím, že získáme vedení Duchem svatým.

Co jsou to přečiny těla? Římanům 8:13 (Nová smlouva – KMS) říká: *„Jestliže žijete podle těla, je vám souzeno zemřít; jestliže však Duchem usmrcujete činy těla, budete žít."* Tělo se zde jednoduše nevztahuje na naše fyzické tělo. Tělo se v duchovním slova smyslu vztahuje na tělo člověka potom, co z něj unikla pravda. Proto činy těla znamenají činy, které vycházejí z nepravd, které naplnily lidstvo, které se změnilo v tělo. Činy těla nezahrnují pouze zjevné hříchy, ale také všechny formy nedokonalých skutků nebo jednání.

V minulosti jsem zažil podivnou zkušenost. Když jsem se dotknul nějakého předmětu, cítil jsem, jako bych dostal elektrický šok a pokaždé jsem sebou škubnul. Začal jsem se bát čehokoliv dotknout. Přirozeně, kdykoliv jsem se v té době něčeho dotknul, modlil jsem se a volal k Pánu. Pokud jsem se dotknul předmětů velice opatrně, neměl jsem takové pocity. Když jsem otvíral dveře, držel jsem kliku velice jemně. Musel jsem být rovněž velmi opatrný, když jsem si potřásal rukou se členy naší církve. Tento fenomén pokračoval několik měsíců a všechno moje chování bylo velmi obezřetné a jemné. Později jsem si uvědomil, že prostřednictvím této zkušenosti Bůh učinil moje činy těla

dokonalými.
Můžete to pokládat za triviální, ale způsob chování je velmi důležitý. Když se někteří lidé smějí nebo mluví s lidmi, kteří jsou vedle nich, obvykle s těmito lidmi navazují fyzický kontakt. Další mluví velmi nahlas bez ohledu na čas a místo a způsobují druhým rozpaky. Takové chování není velikou chybou, ale přece patří mezi nedokonalé přečiny těla. Ti, kdo mají ryzí velkorysost, projevují bezúhonné chování ve svém každodenním životě a mnoho lidí by u nich chtělo najít oddech.

Změna charakteru srdce

Dále musíme tříbit charakter svého srdce, aby získalo ryzí velkorysost. Charakter srdce odkazuje na velikost srdce. Podle charakteru srdce někteří lidé dělají více, než se od nich očekává, zatímco jiní dělají přesně to, co se od nich očekává nebo ještě méně než to. Člověk s ryzí velkorysostí má srdce, které je velké a široké, takže se nestará pouze o své osobní zájmy, ale také pečuje o druhé.

Filipským 2:4 říká: „*Každý ať má na mysli to, co slouží druhým, ne jen jemu.*" Tento charakter srdce se může lišit podle toho, jak doširoka rozevřeme své srdce za všech okolností, takže ho můžeme neustálým úsilím změnit. Pokud dáváme netrpělivě pozor pouze na své osobní zájmy, měli bychom se konkrétně modlit a změnit svou úzce zaměřenou mysl na širší, která nejprve zvažuje prospěch a situaci druhých.

Do doby, než byl prodán do Egypta, byl Josef vychováván jako rostliny a květiny, které vyrůstají ve skleníku. Nemusel se starat o žádnou záležitost v domě ani poměřovat srdce a situaci svých bratrů, které otec tak nemiloval. Prostřednictvím nejrůznějších zkoušek však začal získávat srdce, které pozorovalo a spravovalo každý kout, který ho obklopoval a naučil se, jak mít ohled na srdce druhých.

Bůh rozšířil Josefovo srdce a připravil ho na dobu, kdy se Josef měl stát správcem Egypta. Jestliže dosáhneme takového charakteru srdce společně s laskavým a bezúhonným srdcem, můžeme také řídit a starat se o velkou organizaci. Je to ctnost, kterou vůdce musí mít.

Požehnání pro laskavé

Jaké požehnání bude dáno těm, kteří dosáhli dokonalé laskavosti tím, že odstranili zlo ze svého srdce a tříbili vnější ryzí velkorysost? Jak je řečeno v Matoušovi 5:5: *„Blaze tichým, neboť oni dostanou zemi za dědictví"* a v Žalmu 37:11: *„Ale pokorní obdrží zemi a bude je blažit dokonalý pokoj,"* mohou obdržet zemi. Země zde symbolizuje příbytek v nebeském království a obdržet zemi znamená „užívat si v budoucnosti veliké moci v nebi."

Proč by si měli laskaví užívat velikého postavení v nebi? Laskavý člověk posiluje se srdcem našeho Boha Otce ostatní duše a hýbe jejich srdcem. Čím vlídnějším se člověk stane, tím více duší u něho najde oddech a on je povede ke spasení. Jestliže se dokážeme stát mimořádným člověkem, u kterého najde odpočinutí mnoho lidí, znamená to, že jsme druhým do veliké míry sloužili. Těm, kdo slouží, bude uděleno nebeské postavení.

Matouš 23:11 říká: *„ Kdo je z vás největší, bude váš služebník. "*
 Proto, až se dostane do nebe, bude si vlídný člověk moci užívat veliké moci a obdrží jako příbytek rozsáhlou a širokou zemi. I na této zemi mnoho lidí následuje ty, kdo mají velikou moc, bohatství, slávu a postavení. Pokud však ztratí všechno, co mají, ztratí většinu svého postavení a mnoho lidí, kteří je následovali, je opustí. Duchovní postavení, které doprovází laskavého člověka, se od postavení na tomto světě liší. Nezmizí ani se nezmění. Když se na této zemi jeho duši dobře daří, je úspěšný ve všem. Také v nebi ho bude Bůh navěky velmi milovat a budou ho uznávat nespočetné duše.

3. Láska nezávidí
(dále ve významu Láska není žárlivá)

Někteří výborní studenti si u otázek, u kterých předtím udělali chybu v testech, uspořádávají své poznámky a schovávají si je. Zkoumají důvod, proč neodpověděli na otázky správně a chtějí daný předmět pořádně pochopit, než postoupí dál. Říká se, že je tato metoda velmi efektivní, když se chcete v kratším časovém úseku naučit předmět, který je pro vás těžký. Stejnou metodu lze rovněž aplikovat, když chcete tříbit duchovní lásku. Pokud podrobně zkoumáme své činy a slova a opouštíme každý svůj nedostatek jeden po druhém, potom můžeme dosáhnout duchovní lásky v kratším čase. Podívejme se na další vlastnost duchovní lásky – ‚Láska není žárlivá'.

Žárlivost se objeví, když nepřiměřeně vzroste pocit závistivé hořkosti a smutku a dojde k páchání zlých skutků vůči jiné osobě. Pokud máme ve své mysli sklon k žárlivosti a závisti, tak když uvidíme někoho jiného, jak ho druzí chválí nebo je mezi druhými oblíbený, vzrostou v nás špatné emoce. Jestliže objevíme člověka, který je erudovanější, bohatší a kompetentnější než my nebo pokud je jeden z našich spolupracovníků úspěšný a získá si u mnoha lidí oblibu, můžeme cítit žárlivost. Někdy můžeme takového člověka nenávidět, přát si ho obrat o všechno, co má, a pošlapat všechno nad ním.

Na druhou stranu se můžeme cítit znechuceni a myslet si: „On je mezi druhými tak oblíbený, ale co já? Já nejsem nic!" Jinými slovy, cítíme se zkroušení, protože se srovnáváme s druhými. Když se cítíme znechuceni, někteří z nás si mohou myslet, že nejde o žárlivost. Ale láska se raduje z pravdy. Jinými slovy, máme-li opravdovou lásku, radujeme se, když se druhému člověku daří. Pokud jsme znechuceni a napomínáme sami sebe nebo se neradujeme z pravdy, je to proto, že naše ego či ‚já' je stále aktivní. Protože naše ‚já' je naživu, tak když vnímáme, že jsme méně než ostatní, je naše pýcha zraněna.

Když žárlivá mysl vzroste a potom vychází ven zlými slovy a skutky, je to ta žárlivost, o které mluví tato kapitola o lásce. Pokud se žárlivost rozvine do vážného stavu, člověk může jiné lidi zranit nebo je dokonce zabít. Žárlivost je vnějším projevem zla a nečistého srdce, tudíž je pro ty, kdo v sobě žárlivost mají, obtížné získat spasení (Galatským 5:19-21). To proto, že žárlivost je zjevným skutkem těla, což je hřích viditelně spáchaný navenek. Žárlivost může být rozčleněna do několika forem.

Žárlivost v romantickém vztahu

Žárlivost je vyprovokována k činu, když člověk ve vztahu touží získat více lásky a přízně od druhého, než se mu dostává. Například dvě Jákobovy ženy, Lea a Ráchel, na sebe navzájem žárlily a každá z nich toužila, aby jí Jákob věnoval větší náklonnost. Lea a Ráchel byly sestry, obě dcery Jákobova strýce Lábana.

Jákob se oženil s Leou v důsledku nečestnosti svého strýce Lábana bez ohledu na své vlastní přání. Jákob ve skutečnosti miloval Leinu sestru, Ráchel, a získal ji za manželku po 14 letech služby svému strýci. Jákob miloval Ráchel více než Leu už od samého začátku. Lea však porodila čtyři děti, zatímco Ráchel se

nedařilo dát život žádnému dítěti.
V té době byla pro ženu hanba nemít děti a Ráchel na svou sestru Leu neustále žárlila. Byla svou žárlivostí natolik zaslepena, že i svému muži Jákobovi velmi ztrpčovala život. *„Dej mi syny! Nedáš-li, umřu"* (Genesis 30:1).
Jak Ráchel, tak Lea daly Jákobovi své vlastní služky jako konkubíny, aby si získaly výlučně jeho lásku. Kdyby chovaly ve svých srdcích jen trochu opravdové lásky, dokázaly by se radovat, i když získala větší náklonnost jejich společného manžela ta druhá z nich. Žárlivost z nich všech – Lei, Ráchel i Jákoba – učinila nešťastné lidi. Kromě toho měla vliv i na jejich děti.

Žárlivost v případě, kdy je situace druhých šťastnější

Aspekt žárlivosti se u každého jedince liší podle hodnot života každého z nich. Obvykle však u nás nastane žárlivost, když je druhý bohatší, chytřejší a schopnější, než jsme my, nebo když je druhý oblíbenější a druzí ho mají rádi. Není těžké se najít v situacích, kdy žárlíme ve škole, v práci a doma, kdy žárlivost vychází z pocitu, že je někdo jiný poblíž lepší, než jsme my. Když se vrstevník zlepšuje a daří se mu lépe než nám, můžeme ho nenávidět a pomlouvat ho. Můžeme si myslet, že musíme na druhé šlapat, aby se nám lépe dařilo a byli jsme oblíbenější.

Někteří lidé například odhalují chyby a nedostatky druhých na pracovišti a způsobují, aby se dostali do nespravedlivého podezření a pod drobnohled svých nadřízených, protože oni chtějí být těmi, kdo bude ve firmě povýšen. Ani mladí studenti v tom nejsou výjimkou. Někteří studenti obtěžují jiné studenty, kteří akademicky excelují, nebo šikanují ty studenty, které má učitel v oblibě. Doma zase děti žalují na své bratry a sestry a hádají se s nimi, aby získaly větší pozornost a oblibu u svých rodičů. Jiní to dělají, protože chtějí zdědit větší majetek po svých rodičích.

To byl i případ Kaina, prvního vraha v dějinách lidstva. Bůh přijal pouze Ábelův obětní dar. Kain se cítil přehlížený, a jak v něm postupně vzplála žárlivost, nakonec svého bratra Ábela zabil. Musel od svých rodičů, Adama a Evy, opakovaně slýchávat o oběti z krve zvířat a musel o této věci velmi dobře vědět. *„Podle zákona se skoro vše očišťuje krví, a bez vylití krve není odpuštění"* (Židům 9:22).

Nicméně přinesl obětní dar pouze z plodin země, kterou obhospodařoval. Naopak, Ábel přinesl z upřímného srdce oběť ze svých prvorozených ovcí podle Boží vůle. Někdo může říct, že pro Ábela nebylo obtížné přinést obětní dar z ovcí, protože byl pastýřem, ale tak tomu není. Učil se o Boží vůli od svých rodičů a chtěl následovat Boží vůli. Z toho důvodu Bůh přijal pouze Ábelovu oběť. Kain začal na svého bratra žárlit, aniž by litoval své chyby. Jakmile byl v jeho srdci zažehnut plamen žárlivosti, nedal se již uhasit a on svého bratra Ábela nakonec zabil. Kolik bolesti kvůli tomu museli Adam a Eva zakusit!

Žárlivost mezi bratry ve víře

Někteří věřící žárlí na jiného bratra nebo sestru ve víře, který je před nimi co se týče postavení v církvi, ve službě, nebo je předčí ve víře nebo věrnosti Bohu. K takovému jevu obvykle dochází, když je jim ten druhý podobný věkem, postavením a tím, jak dlouho je věřící, nebo když toho druhého dobře znají.

Jak říká Matouš 19:30: *„Mnozí první budou poslední a poslední první,"* občas nás mohou ti, kdo jsou za námi, co se týče let, kdy věří, věku a postavení v církvi, předběhnout. Potom vůči nim můžeme pociťovat silnou žárlivost. Taková žárlivost neexistuje pouze mezi věřícími ve stejné církvi. Může se vyskytovat mezi pastory a členy církve, mezi církvemi nebo dokonce mezi různými křesťanskými organizacemi. Když člověk vzdává slávu Bohu, všichni by se měli radovat společně, ale oni raději pomlouvají druhé, že jsou heretici, v pokusu snižovat jméno druhých lidí nebo druhých organizací. Co cítí rodiče, když se jejich děti hádají a nenávidí jeden druhého? I kdyby jim děti přinášely dobré jídlo a dobré věci, nebudou šťastní. A pokud věřící, kteří jsou stejnými Božími dětmi, bojují a hádají se mezi sebou navzájem, nebo pokud panuje mezi církvemi žárlivost, způsobuje to našemu Pánu pouze veliký zármutek.

Saulova žárlivost na Davida

Saul byl prvním izraelským králem. Promrhal svůj život žárlivostí na Davida. Pro Saula byl David jako rytíř v zářivé zbroji, který zachránil jeho zemi. Když se morálka vojáků dotkla samotného dna kvůli zastrašování Goliášem z Pelištejců, David ji pozvedl rychlostí meteoritu a složil šampióna Pelištejců pouhým prakem. Tento jediný čin přinesl Izraeli vítězství. Od té doby David plnil četné chvályhodné úkoly při ochraně země před útoky

Pelištejců. Problém mezi Saulem a Davidem se vynořil až v tomto bodě. Saul uslyšel něco velmi znepokojivého zprostředka davu vítajícího Davida, který se vracel z vítězného bojového pole. Bylo to: *„Saul pobil své tisíce, ale David své desetitisíce"* (1 Samuelova 18:7).

Saul byl velmi znepokojený a pomyslel si: *„Jak mě mohou srovnávat s Davidem? Není ničím jiným než pouhým pastýřem!"* Zatímco neustále myslel na tuto poznámku, jeho hněv se stupňoval. Nemyslel si, že je správné, aby lid tak moc chválil Davida a od té doby se mu zdály Davidovy činy podezřelé. Saul si pravděpodobně myslel, že David se choval tak, aby si koupil srdce lidí. Nyní byl šíp Saulova hněvu namířen na Davida. Myslel si: ‚Pokud už David získal srdce lidí, vzpoura je jen otázkou času!'

Přitom jak se jeho myšlenky vzrůstající měrou vyhrocovaly, Saul se poohlížel po příležitosti Davida zabít. Jednu dobu Saul trpěl zlými duchy a David mu hrál na citaru. Saul se chopil příležitosti a mrštil po něm svým kopím. Naštěstí David uskočil a unikl. Saul se však svého úsilí Davida zabít nevzdal. Neustále Davida se svou armádou pronásledoval.

Navzdory tomu všemu neměl David žádnou touhu Saulovi ublížit, protože král byl pomazaný Bohem, a král Saul si toho byl dobře vědom. Plamen Saulovy žárlivosti, který hořel naplno, se však nezmenšil. Saul neustále trpěl znepokojivými myšlenkami vznikajícími z jeho žárlivosti. Dokud nebyl zabit v bitvě s Pelištejci, neměl Saul kvůli své žárlivosti na Davida pokoj.

Ti, kdo žárlili na Mojžíše

V Numeri 16 čteme o Kórachovi, Dátanovi a Abíramovi. Kórach byl Lévijec a Dátan a Abíram byli z kmene Rúben. Chovali nevraživost vůči Mojžíšovi a jeho bratru a pomocníkovi Áronovi. Zlobila je skutečnost, že Mojžíš býval egyptským princem a nyní jim vládnul, ačkoliv byl uprchlíkem a pastýřem v Midjánu. Z jiného úhlu se chtěli právě oni sami stát vůdci. A tak si vytvořili kontakty s lidmi, aby je přiměli stát se součástí jejich skupiny.

Kórach, Dátan a Abíram shromáždili 250 lidí, aby je následovali a mysleli si, že převezmou moc. Předstoupili před Mojžíše a Árona a přeli se s nimi. Řekli: *„Příliš mnoho si osobujete. Celá pospolitost, všichni v ní jsou svatí a Hospodin je uprostřed nich. Proč se povznášíte nad Hospodinovo shromáždění?"* (Numeri 16:3).

Třebaže si při konfrontaci Mojžíše nebrali servítky, Mojžíš jim na oplátku nic neřekl. Pouze před Bohem poklekl, aby se modlil a snažil se, aby si uvědomili svou chybu a obhajoval je před Božím rozsudkem. V té době proti Kórachovi, Dátanovi, Abíramovi a těm, kteří se k nim připojili, vzplanul Boží hněv. Země otevřela svůj chřtán a Kórach, Dátan a Abíram, spolu se svými ženami a jejich syny a jejich nejmenšími sestoupili zaživa do podsvětí. Od Hospodina pak vyšlehl oheň a pozřel těch dvě stě padesát mužů přinášejících kadidlo.

Mojžíš svému lidu neudělal nic zlého (Numeri 16:15). Dělal, co bylo v jeho silách, aby lid co nejlépe vedl. Dokázal, že Bůh je s nimi skrze znamení a zázraky, které čas od času konal. Předvedl jim deset ran v Egyptě; nechal je přejít Rudé moře po suché zemi, když ho rozdělil na dvě části; dal jim vodu ze skály a umožnil jim jíst manu a křepelky v poušti. I po tom všem ho osočovali a postavili se proti Mojžíšovi s tím, že se nad ně vyvyšuje. Bůh také umožnil lidem vidět, jak velký hřích je na Mojžíše žárlit. Souzení a odsuzování muže, kterého ustanovil Bůh, je stejné jako souzení a odsuzování Boha samotného. Proto nesmíme lehkomyslně kritizovat církve nebo organizace, které fungují ve jménu Pána řečmi o tom, že se mýlí nebo jsou heretické. Protože jsme v Bohu všichni bratry a sestrami, žárlivost mezi námi je před Bohem veliký hřích.

Žárlivost na věci, které jsou pomíjivé

Můžeme dostat, co chceme, jen proto, že budeme žárlit? V žádném případě! Můžeme dostat jiné lidi do obtížné situace a může se zdát, že je předběhneme, ale ve skutečnosti nemůžeme dostat všechno, co chceme. Jakubův list 4:2 říká: *„Chcete mít, ale nemáte. Ubíjíte a nevražíte, ale ničeho nemůžete dosáhnout. Sváříte se a bojujete.“*

Namísto žárlivosti zvažte, co je zaznamenáno v Jóbovi 4:8: *„Pokud jsem já viděl, jen ti, kdo se obírají ničemnostmi, ti, kdo rozsívají trápení, je také sklidí.“* Zlo, kterého se dopouštíte, se vám vrátí jako bumerang.

Jako odplata za zlo, které zaséváte, můžete čelit neštěstí ve své rodině nebo v práci. Jak říká Přísloví 14:30: *„Mírné srdce je tělu k životu, kdežto žárlivost je jako kostižer,“* žárlivost má za následek pouze vlastní škodu a tudíž je zcela nesmyslná. Proto, pokud byste se chtěli dostat před druhé, musíte o to prosit Boha, který vládne nade vším, než abyste plýtvali energií na myšlenky a skutky žárlivosti.

Samozřejmě, že nemůžete dostat všechno, oč požádáte. V Jakubově listu 4:3 se říká: „*Prosíte sice, ale nedostáváte, protože prosíte nedobře: jde vám o vaše vášně.*" Pokud poprosíte o něco, abyste to použili pro své vlastní potěšení, nemůžete to dostat, protože to není Boží vůle. Ve většině případů však lidé prosí, aby následovali svou chtivost. Prosí o bohatství, slávu a moc pro své vlastní pohodlí a pýchu. To mě v průběhu mé služby zarmucuje. Skutečným a opravdovým požehnáním není bohatství, sláva a moc, ale to, zda se naší duši dobře daří.

Bez ohledu na to, kolik věcí máte a z kolika věcí se těšíte, jaký to má význam, pokud nezískáte spasení? To, na co musíme pamatovat, je, že všechny věci na této zemi zmizí jako pára. 1 Janův 2:17: „*A svět pomíjí i jeho chtivost; kdo však činí vůli Boží, zůstává na věky*" a Kazatel 12:8 říká: „*'Pomíjivost, samá pomíjivost', řekl Kazatel, 'všechno pomíjí!'*"

Doufám, že nezačnete žárlit na své bratry a sestry lpěním na pomíjivých světských věcech, ale budete mít srdce, které je v Božích očích pravdivé. Potom Bůh odpoví na touhy vašeho srdce a dá vám věčné nebeské království.

Žárlivost a duchovní touha

Lidé věří v Boha, a přesto žárlí, protože mají malou víru a lásku. Jestliže postrádáte lásku k Bohu a máte malou víru v nebeské království, můžete začít žárlit na bohatství, slávu a moc tohoto světa. Máte-li plné ujištění práv Božího dítěte a nebeského občanství, bratři a sestry v Kristu jsou pro vás mnohem vzácnější než ti z vaší světské rodiny. To proto, že věříte, že s nimi budete žít navěky v nebi.

I nevěřící, kteří nepřijali Ježíše Krista, jsou vzácní a jsou těmi, které bychom měli dovést do nebeského království. Na základě této víry a přitom, jak v sobě tříbíme opravdovou lásku, začneme milovat své bližní jako sami sebe. Potom, když jsou druzí bohatí, budeme tak šťastní, jako bychom to byli my, kdo je bohatý. Ti, kdo mají opravdovou víru, nebudou vyhledávat pomíjivé věci světa, ale budou se snažit být horliví v díle pro Pána, aby se zmocnili nebeského království násilím. Tudíž budou mít duchovní touhy.

Ode dnů Jana Křtitele až podnes království nebeské trpí násilí a násilníci po něm sahají (Matouš 11:12).

Duchovní touha je zcela jistě odlišná od žárlivosti. Je důležité mít touhu po tom být nadšený a věrný v díle pro Pána. Pokud však zaujetí překročí hranici a odchýlí se od pravdy nebo pokud způsobí, že druzí klopýtnou, je nepřijatelné. Zatímco jsme horliví ve svém díle pro Pána, měli bychom se mít na pozoru a sledovat potřeby lidí okolo sebe, usilovat o jejich prospěch a o pokoj se všemi.

4. Láska se nevychloubá

Existují lidé, kteří se stále vychloubají. Nestarají se o to, jak se druzí mohou cítit, když se vychloubají. Prostě chtějí předvést, co mají, zatímco se snaží získat uznání druhých. Když byl Josef ještě chlapcem, tak se vychloubal svým snem. To způsobilo, že ho jeho bratři nenáviděli. Protože ho jeho otec zvláštním způsobem miloval, doopravdy neporozuměl srdci svých bratrů. Později byl prodán jako otrok do Egypta a podstoupil mnoho zkoušek, aby nakonec tříbil duchovní lásku. Předtím, než lidé tříbí duchovní lásku, mohou zničit pokoj tím, že se před druhými vychloubají a povyšují. Proto Bůh říká: „Láska se nevychloubá."

Jednoduše vyjádřeno, vychloubat se znamená ukazovat se a předvádět se. Lidé chtějí být obvykle uznáváni, pokud dělají nebo mají něco lepšího než ostatní. Jaký bude následek takového vychloubání?

Někteří rodiče jsou například povýšení a vychloubají se svým dítětem, které dobře studuje. Potom se druzí lidé mohou radovat s nimi, ale většina z nich z toho bude mít nepříjemné pocity a jejich hrdost bude zraněna. Mohou kvůli tomu svému dítěti i bezdůvodně vyhubovat. Bez ohledu na to, jak dobře si vaše dítě vede ve studiu, pokud v sobě máte alespoň jen kousek dobra, abyste měli ohled na pocity ostatních, nebudete se takto vychloubat svým dítětem. Budete si rovněž přát, aby i dítě vašeho bližního dobře studovalo a pokud dobře studuje, radostně mu poblahopřejete.

Ti, kdo se vychloubají, mají rovněž tendence k tomu být méně než ochotní uznat a pochválit dobrou práci, kterou udělají ostatní lidé. Jedním či druhým způsobem se snaží ponížit druhé, protože si myslí, že jsou zastíněni do té míry, do jaké jsou druzí uznáváni. Toto je však jen jeden způsob, kterým vychloubání způsobuje potíže. Při takovém jednání je vychloubačné srdce daleko od opravdové lásky. Můžete si myslet, že když se vychloubáte, budete uznáváni, ale pouze vám to u lidí ztěžuje získat upřímný respekt a lásku. Místo toho, aby byli okolo vás lidé, kteří vám závidí, to dospěje k zášti a žárlivosti vůči vám. „*Vy se však vychloubáte a chvástáte. Každá taková chlouba je zlá*" (Jakubův list 4:16).

Vychloubačná pýcha života vychází z lásky ke světu

Proč se lidé vychloubají? To proto, že v sobě mají vychloubačnou pýchu života. Vychloubačná pýcha života se vztahuje na „přirozenost se předvádět v souladu s potěšeními tohoto světa." To vychází z lásky ke světu. Lidé se obvykle chlubí věcmi, které považují za důležité. Ti, kdo milují peníze, se budou vychloubat penězi, které mají a ti, kdo pokládají za důležitý vnější vzhled, se vychloubají svým vzhledem. Tudíž pokládají peníze, vnější vzhled, slávu nebo společenské postavení za přednější Boha.

Jeden ze členů naší církve úspěšně podnikal v oblasti prodeje počítačů obchodním korporacím v Koreji. A tak se rozhodl své podnikání rozšířit. Dostal mnoho nejrůznějších půjček a investoval do frančízy Internetové kavárny a do vysílání po Internetu. Založil společnost s počátečním kapitálem o hodnotě dvou miliard wonů, což je přibližně dva milióny amerických dolarů.

Obrat byl však pomalý a ztráty vzrostly do takové výše, že společnost nakonec zbankrotovala. Jeho dům byl postoupen do aukce a naháněli ho věřitelé. Musel přebývat v suterénu malých domů nebo na střechách. Nyní se začal ohlížet zpět na sebe. Uvědomil si, že toužil po tom se vychloubat svým úspěchem a dychtil po penězích. Uvědomil si, že ztrpčoval život lidem okolo sebe, protože rozšiřoval své podnikání a překračoval přitom své vlastní schopnosti.

Když činil důkladné pokání před Bohem z celého svého srdce a odhodil svou chamtivost, byl šťastný, třebaže měl takovou práci, že čistil odpadní traťovody a nádrže se septikem. Bůh zvažoval jeho situaci a ukázal mu cestu, jak začít nové podnikání. Nyní, když kráčí po celou dobu správnou cestou, jeho podnik vzkvétá.

1 Janův 2:15-16 říká: *„Nemilujte svět ani to, co je ve světě. Miluje-li kdo svět, láska Otcova v něm není. Neboť všechno, co je ve světě, po čem dychtí člověk a co chtějí jeho oči a na čem si v životě zakládá, není z Otce, ale ze světa."*

Chizkijáš, třináctý král jižního judského království, byl v Božích očích přímý a rovněž očistil chrám v Jeruzalémě. Zdolal invazi Asyřanů prostřednictvím modliteb; když onemocněl, v slzách se modlil a získal prodloužení svého života o 15 let. Stále však v něm zůstávala vychloubačná pýcha života. Potom, co se uzdravil ze své nemoci, Babylón k němu vyslal své diplomaty.

Chizkijáš byl tak rád, že je může přijmout, že jim ukázal celou svou klenotnici, stříbro a zlato, různé koření, vzácný olej i celou svou zbrojnici a všechno, co se nacházelo mezi jeho poklady. Kvůli jeho vychloubání bylo později jižní judské království napadeno Babylónem a všechny jeho poklady byly odneseny (Izajáš 39:1-6).

Vychloubání pochází z lásky ke světu a znamená, že člověk nemá lásku k Bohu. Proto, pokud chce člověk tříbit opravdovou lásku, musí ze svého srdce zavrhnout vychloubačnou pýchu života.

Vychloubání v Pánu

Existuje však forma vychloubání, která je dobrá. Je to vychloubání v Pánu, jak se říká ve 2 Korintským 10:17: *„Kdo se chlubí, ať se chlubí v Pánu."* Vychloubat se v Pánu znamená vzdát slávu Bohu, čím více tím lépe. Dobrým příkladem takového vychloubání je ,svědectví'.

Pavel řekl v Galatským 6:14: *„Já však se zanic nechci chlubit ničím, leč křížem našeho Pána Ježíše Krista, jímž je pro mne svět ukřižován a já pro svět."*

Jak řekl, chlubíme se Ježíšem Kristem, který nás spasil a dal nám nebeské království. Byli jsme předurčeni k věčné smrti díky svým hříchům, ale díky Ježíši, který zaplatil za naše hříchy na kříži, jsme získali věčný život. Musíme být neskonale vděční!

Z toho důvodu se apoštol Pavel chlubil svou slabostí. Ve 2 Korintským 12:9 se říká: *„Ale on [Pán] mi řekl: ,Stačí, když máš mou milost; vždyť v slabosti se projeví má síla.' A tak se budu raději chlubit slabostmi, aby na mně spočinula moc Kristova."*

Ve skutečnosti Pavel vykonal velmi mnoho znamení a zázraků, takže lidé dokonce odnášeli k nemocným šátky a zástěry, kterých se dotkl, a byli uzdraveni. Uskutečnil tři misionářské výpravy, na kterých dovedl mnoho lidí k Pánu a v mnoha městech založil církve. On však říká, že to nebyl on, kdo vykonal všechny tyto skutky. Pouze se chlubil, že to byla Boží milost a Pánova moc, které mu dovolily vykonat všechno, co vykonal.

V dnešní době vydává mnoho lidí svědectví o tom, jak se setkali s Bohem a zakusili živého Boha ve svém každodenním životě. Mluví o Boží lásce a říkají, jak je Bůh uzdravil z nemocí, požehnal jim v oblasti financí a přinesl jim pokoj do rodiny, když Boha naléhavě hledali a projevovali mu skutky svou lásku k němu. Jak se říká v Příslovíí 8:17, kde čteme: *„Já miluji ty, kdo milují mne, a kdo mě za úsvitu hledají, naleznou mne,"* jsou vděční, že zakusili velikou Boží lásku a získali velikou víru, což znamená, že obdrželi duchovní požehnání. Takové vychloubání v Pánu vzdává Bohu slávu a zasazuje víru a život do lidských srdcí. Když takto činí, shromažďují své poklady v nebi a na touhy jejich srdce bude o to rychleji odpovězeno.

Musíme si ale dávat pozor na jednu věc. Někteří lidé říkají, že vzdávají slávu Bohu, ale ve skutečnosti se snaží o to, aby o nich a o tom, co udělali, druzí věděli. Nepřímo naznačují, že dokázali získat požehnání díky svému vlastnímu úsilí. Zdá se, že vzdávají slávu Bohu, ale ve skutečnosti připisují všechno uznání sobě samotným. Proti takovým lidem vznese satan obvinění. Konec konců, výsledek vychloubání bude odhalen; mohou čelit různým zkouškám, nebo pokud je nikdo nebude uznávat, prostě od Boha odejdou.

Římanům 15:2 říká: *„Každý z nás ať vychází vstříc bližnímu, aby to bylo k dobru společného růstu."* Jak je zde řečeno, měli bychom vždy mluvit k dobru společného růstu a vždy v našich bližních sázet víru a život. Zrovna jako se čistí voda tím, že prochází filtrem, měli bychom mít filtr pro svá slova dříve, než promluvíme a měli bychom myslet na to, zda naše slova pocity posluchačů povznesou nebo je zraní.

Opustit vychloubačnou pýchu života

I když má někdo mnoho věcí, kterými se může vychloubat, nikdo nežije věčně. Po životě na této zemi půjde každý buď do nebe, nebo do pekla. V nebi jsou dokonce i ulice, po kterých se chodí, ze zlata a bohatství tam nelze srovnávat s žádným bohatstvím tohoto světa. To znamená, že vychloubání na tomto světě je velmi pomíjivé. Rovněž, i když má někdo veliký majetek, slávu, vědění a moc, může se jimi vychloubat, když jde do pekla? Ježíš řekl: *„Jaký prospěch bude mít člověk, získá-li celý svět, ale svůj život ztratí? A zač získá člověk svůj život zpět? Syn člověka přijde v slávě svého Otce se svými svatými anděly, a tehdy odplatí každému podle jeho jednání"* (Matouš 16:26-27).

Vychloubání světem nemůže nikdy dát věčný život nebo spokojenost. Spíše dává vzrůst pomíjivým touhám a vede nás ke zkáze. Když si uvědomíme tuto skutečnost a naplníme svá srdce nadějí v nebe, obdržíme sílu opustit vychloubačnou pýchu života. Podobá se to situaci, kdy dítě snadno odhodí svou hračku, která je stará a má nízkou hodnotu, když dostane zbrusu novou. Protože víme o oslnivé nádheře nebeského království, nelpíme na věcech tohoto světa ani neusilujeme o to je získat.

Jakmile opustíme vychloubačnou pýchu života, budeme se vychloubat pouze Ježíšem Kristem. Nebudeme si myslet, že cokoliv z tohoto světa stojí za vychloubání, budeme pouze pyšní na slávu, které si budeme věčně užívat v nebeském království.

Potom budeme naplněni radostí, kterou jsme předtím neznali. Třebaže můžeme na cestě svým životem čelit těžkým chvílím, nebudeme vnímat, že jsou tak těžké. Budeme pouze děkovat za lásku našemu Bohu, který dal svého jediného Syna Ježíše, aby nás spasil a tudíž můžeme být naplněni radostí za všech okolností. Jestliže nevyhledáváme vychloubačnou pýchu života, nebudeme se cítit tak povzneseni, když se nám dostane chvály nebo skličeni, když jsme kritizováni. Budeme se pouze s pokorou více zkoumat, když se nám dostane chvály, a budeme pouze děkovat, když budeme pokáráni, a více se snažit o to, abychom se změnili.

5. Láska není domýšlivá

Ti, kdo se vychloubají, nesporně vnímají, že jsou lepší než ostatní, a jsou potom domýšliví. Jestliže se jim daří, myslí si, že je to proto, že odvedli dobrou práci, a jsou potom nafoukaní nebo líní. Bible říká, že jednou ze špatných věcí, které Bůh nejvíce nenávidí, je domýšlivost. Domýšlivost je rovněž hlavním důvodem, proč lidé postavili babylónskou věž, aby konkurovali Bohu, což je událost, která pohnula Boha k tomu, aby oddělil jazyky.

Vlastnosti domýšlivých lidí

Domýšlivý člověk pokládá druhé za horší, než je on sám, a druhými opovrhuje nebo jsou mu lhostejní. Takový člověk se cítí nadřazený nad ostatní po všech stránkách. Sebe pokládá za nejlepšího. Druhými pohrdá, shlíží na ně spatra a snaží se je ve všem poučovat. Snadno projevuje vůči těm, kteří se mu zdají být něco méně, než je on, domýšlivý postoj. Občas, ve své přílišné domýšlivosti, nevěnuje pozornost těm, kdo ho vyučovali a vedli, a těm, kdo jsou ve vyšším postavení v podnikání nebo na společenském žebříčku. Není ochoten poslouchat rady, kritiku a konzultace, které mu udělují jeho nadřízení. Stěžuje si a přitom si myslí: „Můj nadřízený to říká jen proto, že nemá ani potuchy, o co tady jde" nebo: „Všechno vím a dokážu si s tím velmi dobře poradit."

Takový člověk vyvolává mnoho hádek a sporů. Přísloví 13:10 říká: *„Ze zpupnosti vzniká jen hádka, kdežto u těch, kdo si dají* *poradit, je moudrost."*

2 Timoteovi 2:23 nám říká: *„Nepouštěj se do hloupých sporů, v jakých si libují nepoučení lidé; víš, že vedou jen k hádkám."* To je důvod, proč je tak hloupé a chybné si myslet, že jen vy sami máte pravdu. Každý člověk má jiné svědomí a jiné poznání. To proto, že každý jedinec se liší v tom, co viděl, slyšel, zažil a čemu byl vyučován. Mnohá poznání každého z nich jsou však mylná a některá poznání byla nesprávně uchována. Pokud se v nás po dlouhou dobu tato poznání utvrzují, vytvářejí se sebespravedlnost a stereotypy. Sebespravedlnost znamená trvat na tom, že pouze naše názory jsou ty správné, a když jsme v tom utvrzováni, stane se to naším stereotypem myšlení. Někteří lidé si vytvářejí své stereotypy svou osobností nebo poznáním, které mají.

Stereotyp je jako kostra lidského těla. Formuje podobu každého, a jakmile se vytvoří, je obtížné ho zničit. Většina lidského myšlení vychází ze sebespravedlnosti a ze stereotypů. Člověk s pocitem méněcennosti velmi citlivě reaguje, pokud na něj druzí ukážou prstem a obviní ho. Nebo jak říká jedno rčení, pokud si bohatý člověk upravuje své oblečení, lidé se domnívají, že se vychloubá a své oblečení předvádí. Jestliže někdo používá obtížnou nebo těžko srozumitelnou slovní zásobu, lidé mají za to, že se vychloubá svými vědomostmi a shlížejí na něj spatra.

Od své učitelky na základní škole jsem se dozvěděl, že Socha svobody je v San Francisku. Živě si pamatuji, jak mi ukázala obrázek a mapu Spojených států. Na počátku 90. let jsem odcestoval do Spojených států, abych vedl jedno probuzenecké setkání. Až tehdy jsem se dozvěděl, že se Socha Svobody ve skutečnosti nachází v New Yorku.

Podle mě měla být Socha Svobody v San Francisku, takže jsem nechápal, co dělá v New Yorku. Zeptal jsem se lidí okolo a oni mě ujistili, že je skutečně v New Yorku. Uvědomil jsem si, že poznatek, kterému jsem věřil, že je pravdivý, byl ve skutečnosti mylný. V té chvíli jsem si také pomyslel, že to, čemu věřím, že je pravdivé, může být tím pádem mylné. Mnoho lidí věří a trvá na věcech, které nejsou pravdivé.

I když se mýlí, tak to ti, kdo jsou domýšliví, nepřipustí, ale budou trvat na svých názorech, a to povede ke sporům. Avšak ti, kdo jsou pokorní, se nebudou hádat, třebaže se druhá osoba mýlí. I když jsou si na 100% jistí, že mají pravdu, přece si pomyslí, že se mohou mýlit, protože jejich záměrem není vyhrát v hádce nad ostatními.

Pokorné srdce má duchovní lásku, která pokládá druhé za lepší. Třebaže jsou druzí méně šťastní, méně vzdělaní nebo mají menší společenské postavení, s pokornou myslí budeme druhé ze srdce pokládat za lepší než sebe samotné. Budeme mít všechny duše za velmi vzácné, protože jsou natolik vzácné, že za ně Ježíš prolil svou krev.

Tělesná domýšlivost a duchovní domýšlivost

Pokud někdo projeví navenek takové skutky nepravdy jako vychloubání se, předvádění se a shlížení na druhé spatra, dokáže si takovou domýšlivost nesporně uvědomit. Když přijmeme Pána a poznáme pravdu, lze se těchto vlastností tělesné domýšlivosti snadno zbavit. Naopak, není snadné si uvědomit a zavrhnout duchovní domýšlivost. Co je tedy duchovní domýšlivost? Zatímco již významnou dobu navštěvujete církevní shromáždění, uchovali jste si mnoho poznatků z Božího slova. Můžete mít v církvi také nějakou službu nebo být v určitém postavení nebo můžete být zvoleni do vedení v církvi. Potom můžete vnímat, že jste tříbili množství poznatků z Božího slova ve svém srdci, které je natolik významné, abyste si pomysleli: „Dosáhl jsem toho tolik. Ve většině věcí musím mít pravdu!" Můžete kárat, soudit a odsuzovat druhé Božím slovem uloženým ve formě vědomostí a myslet si, že pouze vy rozlišujete podle pravdy správné a špatné. Někteří vedoucí v církvi následují svůj vlastní prospěch a porušují předpisy a nařízení, která se mají dodržovat. Přestupují nařízení církve svým jednáním, ale myslí si: „Co se týče mě, je to v pořádku, protože mám určité postavení. Jsem výjimka." Taková povýšená mysl je duchovní domýšlivost.

Jestliže vyznáváme svou lásku k Bohu, zatímco ignorujeme zákon a nařízení Boha s povýšeným srdcem, naše vyznání není pravdivé. Pokud soudíme a odsuzujeme druhé, nemůžeme být pokládáni za ty, kdo mají opravdovou lásku. Pravda nás učí dívat se, poslouchat a mluvit pouze o dobrých věcech druhých lidí.

Bratří, nesnižujte jeden druhého. Kdo snižuje nebo odsuzuje bratra, snižuje a odsuzuje zákon. Jestliže však odsuzuješ zákon, neplníš zákon, nýbrž stavíš se nad něj jako soudce (Jakubův list 4:11).

Jak se cítíte, když přijdete na slabosti jiných lidí?
Jack Kornfield ve své knize *Umění shovívavosti, dobrého srdce a vnitřního míru,* píše o různých způsobech, jak se

vypořádat s nesprávným jednáním.

„Když se ve vesnici jihoafrického kmene Babemba někdo z obyvatel zachová neodpovědně nebo nesprávně, posadí ho do středu vesnice. Je sám, není spoutaný, není u něj žádný strážce. Všichni přestanou pracovat a muži, ženy i děti z vesnice utvoří okolo provinilce velký kruh. Potom po řadě jeden po druhém bez ohledu na věkovou hierarchii nahlas oslovují pachatele přečinu a mluví o všem dobrém, co pro ně člověk uprostřed kruhu v jejich životě vykonal. Každá konkrétní událost, každičký zážitek je popsán s co největší přesností a za použití co největšího množství detailů. Všechny provinilcovy dobré vlastnosti, všechny jeho zásluhy a veškerá jeho dobrota jsou s pečlivostí a rozsáhle připomenuty. Při vyjevování jeho skutků či pozitivních aspektů jeho osobnosti se nepřipouští vymýšlení, přehánění a zlehčování. Tento kmenový obřad často trvá několik dní a neskončí dřív, dokud není vysloven i ten nejposlednější pozitivní komentář provinilcovy osoby. Na konci se kmenový kruh rozejde a propukne radostná oslava, při níž je dotyčný člověk symbolicky i doslova přijat zpět do kmene."

Tímto procesem ty osoby, které udělaly něco špatně, obnoví svou sebeúctu a rozhodnou se být platným členem svého kmene. Díky tomuto jedinečnému soudnímu řízení se dá říct, že se v jejich společnosti stěží objevují zločinci.

Když vidíme chyby jiných lidí, můžeme se rozmyslet, zda je

nejprve budeme soudit a odsuzovat nebo dáme v první řadě příležitost svému milosrdnému a soucitnému srdci. S tímto měřítkem můžeme prozkoumat, jak hodně jsme tříbili pokoru a lásku. Tím, že se budeme neustále zkoumat, bychom neměli dosáhnout spokojenosti s tím, čeho jsme již dosáhli jen proto, že jsme věřící již po dlouhou dobu. Než se někdo stane zcela posvěceným, každý má v sobě přirozenost, která umožňuje, aby v něm rostla domýšlivost. Proto je velmi důležité vytrhnout kořeny této domýšlivé přirozenosti. Dokud ji zcela nevytrhneme ze svého srdce vroucími modlitbami, může v jakékoliv chvíli znovu vyjít ven. Je to, jako když vytrhnete plevel a ten znovu vyroste, dokud není úplně zbaven všech svých kořenů. Tudíž protože není hříšná přirozenost zcela odstraněna ze srdce, domýšlivost znovu přichází do mysli, zatímco žijeme po dlouhou dobu život ve víře. Proto bychom se měli před Pánem vždy pokořit jako děti, pokládat druhé za lepší než sebe a neustále usilovat o to, abychom tříbili duchovní lásku.

Domýšliví lidé věří v sebe

Nebúkadnesar odstartoval zlatou éru Velkého Babylóna. Jeden ze starověkých divů světa, Visuté zahrady, byl vytvořen právě v jeho době. Byl pyšný na to, že celé jeho království a dílo byly učiněny jeho velikou mocí. Nechal zhotovit svou sochu a chtěl, aby ji lidé uctívali. Daniel 4:30 říká: „*A řekl [Nebúkadnesar]: 'Zdali není veliký tento Babylón, který jsem svou mocí a silou vybudoval jako královský dům ke slávě své důstojnosti?'*"

Bůh mu nakonec dal na srozuměnou, kdo je skutečným

vládcem světa (Daniel 4:28-29). Byl vyhnán pryč z paláce, pojídal rostliny jako dobytek a žil po sedm let v divočině jako divoké zvíře. Jaký měl pro něj v tu chvíli jeho trůn smysl? Pokud to Bůh neumožní, nemůžeme získat vůbec nic. Po sedmi letech se Nebúkadnesar navrátil do normálního stavu mysli. Uvědomil si svou domýšlivost a uznal Boha. V Danielovi 4:34 čteme: „*Chválím, vyvyšuji a velebím Krále nebes. Všechno jeho dílo je pravda, jeho cesty právo. Ty, kteří si vedou pyšně, má moc ponížit.*"

Není to však pouze o Nebúkadnesarovi. Někteří nevěřící ve světě říkají: „Já věřím v sebe." Není však pro ně snadné překonat svět. Na světě je mnoho problémů, které se nedají vyřešit lidskými schopnostmi. I ty nejskvělejší špičkové vědecké poznatky a technologie jsou k ničemu před nadcházejícími přírodními katastrofami včetně tajfunů a zemětřesení a jiných neočekávaných neštěstí.

A kolik druhů nemocí nelze vyléčit ani nejmodernějšími léky? Přesto mnoho lidí, když se setká s nejrůznějšími problémy, spoléhá na sebe spíše než na Boha. Spoléhají na své myšlení, zkušenosti a poznatky. Když ale přece neuspějí a stále čelí problémům, reptají proti Bohu navzdory tomu, že v Boha nevěří. To kvůli domýšlivosti, která přebývá v jejich srdci. Kvůli této domýšlivosti nevyznají svou slabost a neuznají s pokorou Boha.

Ještě politováníhodnější je však to, že někteří věřící v Boha spoléhají spíše na svět a na sebe než na Boha. Bůh chce, aby se jeho dětem dařilo a žily s nadějí v jeho pomoc. Pokud však nejste ve své domýšlivosti ochotni se před Bohem pokořit, Bůh vám nemůže pomoci. Potom nemusíte být ochráněni před nepřítelem ďáblem nebo se vám na vašich cestách nemusí dařit. Zrovna jako říká Bůh v Příslovích 18:12: „*Srdce člověka bývá před pádem zpupné, kdežto slávu předchází pokora,*" věc, která vám způsobuje selhání a zkázu, není nic jiného než vaše domýšlivost. Bůh pokládá domýšlivého za hlupáka. Jak nicotná je přítomnost člověka ve srovnání s Bohem, který stvořil nebeský trůn a podnožku země? Všichni lidé byli stvořeni podle Božího obrazu a všichni jsme si rovni jako Boží děti, ať jsme ve vysokém nebo nízkém postavení. Nezáleží na tom, kolika věcmi se můžeme na světě vychloubat, život na tomto světě trvá jen chvíli. Když tento krátký život dojde ke svému konci, každého bude soudit Bůh. A my budeme vyvýšeni v nebi podle toho, co jsme vykonali v pokoře na této zemi. Proto nás Pán vyvýší, jak říká Jakubův list 4:10: „*Pokořte se před Pánem, a on vás povýší.*"

Pokud zůstává v malé kaluži voda, začne stagnovat, postupně hnít a naplní ji červi. Pokud však voda nepřetržitě stéká z kopce, nakonec dosáhne moře a dá život mnoha živým věcem. Stejným způsobem se nyní pokořme, abychom se stali v Božích očích velkými.

Vlastnosti duchovní lásky I	
	1. Je trpělivá
	2. Je laskavá
	3. Nezávidí
	4. Nevychloubá se
	5. Není domýšlivá

6. Láska nejedná nečestně (dále ve významu Láska nejedná nepatřičně)

,Způsoby' neboli ,Etiketa' je společensky správný způsob jednání, což je o postojích a chování lidí vůči ostatním lidem. Druhy kulturní etikety v našem každodenním životě mají širokou odchylku ve formách. Existuje etiketa při konverzaci, při večeři nebo při chování na veřejných místech, jako jsou divadla. Správné způsoby jsou důležitou součástí našich životů. Společensky přijatelné chování, které je vhodné pro každé místo a příležitost, obvykle dělá příznivý dojem na ostatní. Naopak, pokud neprojevujeme správné chování a ignorujeme základní etiketu, potom to může způsobit rozpaky lidem okolo nás. Kromě toho, jestliže řekneme, že někoho milujeme, ale chováme se vůči této osobě nepatřičně, bude pro tuto osobu obtížné uvěřit, že ji skutečně milujeme.

Merriam-Websterův slovník (The Merriam-Webster's Online Dictionary) odkazuje na ,nepatřičně' jako ,v neshodě s normami přiměřenými postavení nebo poměrům života daného člověka'. Existuje také mnoho forem kulturní etikety v našem každodenním životě jako etiketa při pozdravu a při konverzaci. K našemu překvapení si mnoho lidí neuvědomuje, že jednali nepatřičně i potom, co se zachovali velmi hrubě. Obzvlášť je pro nás snazší jednat nepatřičně vůči těm, kdo jsou nám blízcí. Je to proto, že když se s některými lidmi cítíme příjemně, máme sklon jednat hrubě nebo bez patřičné etikety.

Avšak pokud máme opravdovou lásku, nikdy nejednáme nepatřičně. Dejme tomu, že máte velmi cenný a překrásný klenot.

Budete o něj nedbale pečovat? Ne, při zacházení s ním budete velmi obezřetní a opatrní, abyste ho nezničili, nepoškodili nebo neztratili. Stejně tak, pokud někoho opravdu milujete, s jakou ušlechtilostí se k němu budete chovat? Existují dvě polohy nepatřičného jednání: hrubost před Bohem a hrubost vůči člověku.

Nepatřičné jednání vůči Bohu

I mezi těmi, kdo věří v Boha a říkají, že milují Boha, jsou mnozí, jejichž slova a skutky jsou na hony vzdálené člověku, který Boha miluje. Například podřimování během bohoslužby je jednou z hlavních hrubostí před Bohem. Podřimování během bohoslužby je stejná věc jako podřimování v přítomnosti samotného Boha. Bylo by dost neomalené schrupnout si před prezidentem země nebo před výkonným ředitelem společnosti. O co nepatřičnější tedy je, pokud si schrupneme před Bohem? Bylo by pochybné, abyste pak mohli nadále vyznávat, že Boha stále milujete. Nebo dejme tomu, že se setkáte se svým miláčkem a neustále v jeho přítomnosti usínáte. Jak potom můžeme říct, že tuto osobu opravdu milujete?

Rovněž, pokud vedete během bohoslužeb osobní rozhovory s lidmi vedle sebe nebo sníte s otevřenýma očima, jde také o nepatřičné jednání. Takovéto chování je známkou toho, že věřící postrádá bázeň a lásku k Bohu.

Takové jednání rovněž ovlivňuje kazatele. Dejme tomu, že jeden z věřících si povídá s druhým vedle sebe nebo se zaobírá prázdnými myšlenkami nebo podřimuje. Potom si kazatel může říkat, jestli je jeho slovo dostatečně požehnané. Může ztratit inspiraci Duchem svatým, takže nedokáže nadále kázat v plnosti Ducha. Všechny tyto skutky nakonec způsobí škodu také ostatním věřícím.

Stejné je to s tím, když opustíte bohoslužbu uprostřed jejího konání. Samozřejmě, že jsou tu dobrovolníci, kteří musejí jít ven kvůli svým povinnostem, které při bohoslužbě mají. Nicméně, kromě opravdu zvláštních případů, je správné se přesunout až potom, co bohoslužba úplně skončí. Někteří lidé si myslí: „Chceme si poslechnout pouze slovo" a odcházejí těsně předtím, než bohoslužba skončí, ale toto je nepatřičné jednání.

Bohoslužba je dnes srovnatelným ekvivalentem se zápalnou obětí ve Starém zákoně. Když lidé přinášeli zápalné oběti, museli zvířata nejprve rozsekat na kusy a potom spálili všechny jejich části (Leviticus 1:9).

To v dnešním slova smyslu znamená, že musíme Bohu přinášet řádnou a celou bohoslužbu od začátku až do konce podle určitého souboru formalit a postupů. Musíme následovat každý úkon, který je na bohoslužbě v pořadí, celým svým srdcem, počínaje tichou modlitbou, dokud neskončíme požehnáním nebo Otčenášem. Když zpíváme chvály nebo se modlíme nebo i během dávání a oznámení musíme Bohu dávat celé své srdce. Jiná než oficiální církevní shromáždění, jakákoliv modlitební setkání, chvály nebo skupinkové bohoslužby, musíme Bohu předkládat celým svým srdcem.

Abychom uctívali Boha z celého svého srdce, nesmíme nejprve ze všeho přijít na bohoslužbu pozdě. Není správné přijít pozdě na schůzku s jinými lidmi, jak nepatřičné tedy je přijít pozdě na schůzku s Bohem? Bůh vždy čeká na místě bohoslužby, aby přijal naše uctívání.

Proto bychom neměli přijít neprodleně předtím, než bohoslužba začne. Je řádnou zvyklostí přijít dříve, modlit se v pokání a připravit se na bohoslužbu. Navíc, používání mobilních telefonů během bohoslužby a ponechání malých dětí, aby během bohoslužby běhaly okolo a hrály si, je nepatřičné. Žvýkání žvýkačky nebo konzumace jídla během bohoslužby patří také do kategorie nepatřičného jednání.

Osobní zjev, který máte během bohoslužby, je rovněž velmi důležitý. Běžně není vhodné přijít na církevní shromáždění v domácím oděvu nebo pracovním oblečení. To proto, že oděv je způsob, jak vyjádřit naši vážnost a úctu k jinému člověku. Boží děti, které opravdově věří v Boha, vědí, jak drahý nám Bůh je. Takže, když přijdou na bohoslužbu Boha uctívat, přijdou v tom nejčistším oděvu, jaký mají.

Samozřejmě mohou být výjimky. Na středeční bohoslužbu nebo na páteční celonoční bohoslužbu chodí mnoho lidí přímo z práce. Protože spěchají, aby přišli včas, mohou přijít ve svém pracovním oblečení. V takovém případě si Bůh neřekne, že jednají nepatřičně, ale bude se místo toho radovat, protože se k němu dostane vůně jejich srdce přitom, jak se snaží přijít na bohoslužbu včas, třebaže jsou v práci velmi zaneprázdnění.

Bůh chce s námi mít prostřednictvím bohoslužeb a modliteb milující společenství. Toto jsou povinnosti, které Boží děti musejí dělat. Obzvláště modlitba, která je rozhovorem s Bohem. Tu a tam se stává, že když se druzí modlí, může jim někdo poklepat na rameno, aby jejich modlitbu zastavil, protože je to z jeho strany naléhavé.

To je stejné jako přerušit druhé lidi, když mají rozhovor se svými nadřízenými. Rovněž, když se modlíte a otevřete oči a přestanete se ihned modlit jen proto, že vás někdo volá, jde také o nepatřičné jednání. V takovém případě byste měli nejprve dokončit modlitbu a potom odpovědět.

Pokud předkládáme naše uctívání a modlitby v duchu a v pravdě, Bůh nám odplácí požehnáním a odměnami. Odpovídá na naše modlitby rychleji. To proto, že s potěšením přijímá vůni našeho srdce. Pokud však hromadíme nepatřičné jednání rok, dva roky a déle, vytvoří se vůči Bohu hradba z hříchů. Dokonce pokud pokračuje mezi manželem a manželkou nebo mezi rodiči a dětmi vztah bez lásky, nastane mnoho problémů. S Bohem je to stejné. Pokud si postavíme hradbu mezi námi a Bohem, nemůžeme být chráněni od nemocí nebo neštěstí a můžeme čelit různým problémům. Nemusíme dostávat odpovědi na naše modlitby, i když se modlíme dlouhou dobu. Zastáváme-li však správné postoje při uctívání a modlitbě, můžeme vyřešit mnoho nejrůznějších problémů.

Církevní budova je svatý Boží chrám

Církevní budova je místo, kde přebývá Bůh. Žalm 11:4 říká: *„Hospodin je ve svém svatém chrámu, Hospodin má trůn svůj na nebesích."*

Ve starozákonní době nemohl jen tak někdo vejít na svaté místo. Pouze kněží na ně mohli vstoupit. Jen jednou v roce a jen velekněz mohl vstoupit do svatyně uvnitř svatého místa. Dnes však z milosti našeho Pána může do svatyně vejít každý a uctívat Boha. To proto, že nás Ježíš vykoupil z našich hříchů svou krví, jak je řečeno v Židům 10:19: *„Protože Ježíš obětoval svou krev, smíme se, bratří, odvážit vejít do svatyně."*

Svatyně neznamená pouze místo, kde uctíváme. Je to každý prostor v rámci hranic, které tvoří církevní budovu včetně pozemku a všech ostatních zařízení. Proto, kdekoliv v církevní budově jsme, měli bychom být opatrní na každé své slovíčko a jednání. Ve svatyni se nesmíme rozzlobit a hádat nebo mluvit o světské zábavě nebo podnikání. Stejné je to, co se týče nedbalého zacházení se svatými Božími věcmi v církevní budově nebo jejich ničení, rozbíjení nebo plýtvání jimi.

Obzvláště nakupování nebo prodej čehokoliv v prostorách církevní budovy je nepřijatelné. V dnešní době, s rozvojem nakupování po Internetu, někteří lidé platí za to, co nakupují po Internetu přímo v církevní budově a přebírají předmět také přímo tam. Tady se zajisté jedná o obchodní transakci. Musíme mít na paměti, že Ježíš zpřevracel stoly směnárníků a vyhnal ty, kteří prodávali zvířata k obětem. Ježíš neakceptoval, aby se v chrámu prodávala ani zvířata, která byla určena k oběti. Proto nesmíme kupovat nebo prodávat v církvi cokoliv pro osobní potřebu. Stejné je to s tím uspořádat bazar na pozemku před církevní budovou.

Všechna místa v církvi jsou určena k tomu, aby byla oddělena pro uctívání Boha a společenství s bratry a sestrami v Pánu. Když se v církevní budově často modlíme a máme v ní různá setkání, měli bychom být opatrní a nestát se necitlivými na svatost své církevní budovy. Pokud máme rádi prostředí své církve, nebudeme se v církevní budově chovat nepatřičně, jak je psáno v Žalmu 84:11: *„Den v tvých nádvořích je lepší než tisíce jinde; raději chci stát před prahem domu svého Boha, než prodlévat v stanech svévolnosti."*

Nepatřičné jednání vůči lidem

Bible říká, že kdo nemiluje svého bratra, nemůže milovat ani Boha. Jestliže jednáme nepatřičně s jinými lidmi, kteří jsou viditelní, jak můžeme mít nejvyšší úctu k Bohu, který je neviditelný?

„Řekne-li někdo: ,Já miluji Boha,' a přitom nenávidí svého bratra, je lhář. Kdo nemiluje svého bratra, kterého vidí, nemůže milovat Boha, kterého nevidí" (1 Janův 4:20).

Zvažme nyní společně nepatřičné jednání ve svém každodenním životě, které zůstane snadno bez našeho povšimnutí. Pokud hledáme svůj vlastní prospěch bez toho, abychom mysleli na to, v jakém postavení se nacházejí druzí, obvykle může dojít k mnoha skutkům v podobě hrubého chování. Například, když mluvíme po telefonu, musíme také dodržovat určitou etiketu. Pokud voláme pozdě večer nebo v noci nebo mluvíme po telefonu velmi dlouho s osobou, která je velmi zaneprázdněná, může jí to uškodit. Přijít pozdě na schůzku, neočekávaně navštívit něčí dům nebo přijet někam bez ohlášení jsou také příklady neslušnosti.

Někdo si může myslet: „Jsme si tak blízcí, není to příliš formální při pomyšlení na všechny ty věci, které mezi námi jsou?" Možná máte s druhou osobou velmi dobrý vztah, abyste rozuměli mnoha věcem, které prožívá. Stále je však velmi obtížné porozumět srdci druhého na 100%. Můžeme mít za to, že tím vyjadřujeme své přátelství k druhé osobě, ale ona to může brát jinak. Proto bychom se měli snažit vždy přemýšlet z úhlu pohledu toho druhého. Měli bychom být obzvláště opatrní, abychom nejednali nezdvořile vůči druhé osobě, pokud je nám velmi blízko a cítí se s námi příjemně.

Častokrát můžeme říkat neopatrná slova nebo jednat lehkomyslně, přičemž zraníme pocity těch nebo urazíme ty lidi, kteří jsou nám nejbližší. Jednáme hrubě se členy rodiny nebo velmi blízkými přáteli takovým způsobem, že se nakonec vztah vyhrotí a může se proměnit ve velmi špatný. Rovněž někteří starší lidé se chovají k lidem mladšího věku nebo k těm, kteří jsou v nižším postavení, velmi nepatřičně. Mluví bez úcty nebo mají panovačné postoje, přičemž způsobí, že se druzí lidé cítí nepříjemně.

Dnes je však velmi obtížné najít lidi, kteří bezvýhradně slouží svým rodičům, učitelům a starším lidem, kterým bychom měli očividně sloužit. Někdo může říct, že se situace změnila, ale je tu něco, co se nikdy nezmění. Leviticus 19:32 říká: *„Před šedinami povstaň a starci vzdej poctu. Boj se svého Boha. Já jsem Hospodin."*

Boží vůle pro nás je konat veškerou svou povinnost i mezi lidmi. Boží děti by rovněž měly dodržovat zákony a nařízení tohoto světa a nejednat nepatřičně. Například, pokud způsobujeme rozruch na veřejném místě, plivemee po chodníku nebo porušujeme dopravní předpisy, je to nepatřičné jednání vůči mnoha lidem. Jsme křesťané, kteří mají být světlem a solí světa, a tudíž bychom měli být velmi opatrní na svá slova, činy a chování.

Zákon lásky je nejvyšší normou

Většina lidí tráví většinu svého času s ostatními lidmi, setkává se s nimi a mluví s nimi, jí s nimi a pracuje s nimi. Do té míry existuje mnoho forem kulturní etikety v našem každodenním životě. Každý z nás má ale jiný stupeň vzdělání a také kultury napříč různými zeměmi a rasami jsou rozdílné. Co by tedy mělo být v našich způsobech normou?

Je to zákon lásky, který je v našem srdci. Zákon lásky se vztahuje na zákon Boha, který je láskou samotnou. Tudíž do té míry, do jaké si vštěpujeme Boží slovo do svého srdce a uskutečňujeme ho, získáváme postoje Pána a nebudeme jednat nepatřičně. Jiným významem zákona lásky je ‚ohleduplnost'.

Jeden muž si razil cestu temnou nocí se svítilnou v ruce. Jiný muž se k němu blížil z opačného směru, a když uviděl muže se svítilnou v ruce, všiml si, že je slepý. A tak se ho zeptal, proč nese svítilnu, ačkoliv nemůže vidět. Ten mu na to odpověděl: „Přeci, abyste do mě nenarazil. Tu svítilnu mám kvůli vám." Z tohoto příběhu si můžeme uvědomit, co je to ohleduplnost.

Ohleduplnost k druhým, pakliže se to zdá triviální, má velikou moc pohnout srdcem lidí. Nepatřičné jednání vychází z bezohledného jednání k druhým, což poukazuje na nedostatek lásky. Pokud skutečně milujeme druhé, vždy k nim budeme ohleduplní a nebudeme jednat nepatřičně.

Pokud se v zemědělství provádí přílišný odběr horších plodů ze všeho ovoce, rostoucí ovoce si potom vezme všechny dostupné živiny, takže bude mít nadměrně silnou slupku a jeho chuť nebude vůbec dobrá. Pokud nebereme ohled na druhé, můžeme si na chvíli užívat všech věcí, které se nám nabízejí, ale stanou se z nás nepříjemní lidé s hroší kůží stejně jako z ovoce, které má přebytek živin.

Proto, zrovna jako říká Koloským 3:23: *„Cokoli děláte, dělejte upřímně, jako by to nebylo lidem, ale Pánu,"* měli bychom každému sloužit s nejvyšší úctou způsobem, jakým sloužíme Pánu.

7. Láska nehledá svůj prospěch

V dnešním moderním světě není obtížné se setkat se sobectvím. Lidé hledají svůj vlastní prospěch a ne veřejné dobro. V některých zemích dávají škodlivé chemikálie do sušeného mléka určeného malým dětem. Někteří lidé způsobují velikou škodu své vlastní zemi tím, že ukradou technologii, která je pro jejich zemi velmi důležitá.

Kvůli problému ‚ne na mém dvorku' je pro vládu obtížné stavět veřejná zařízení jako skládky nebo veřejná krematoria. Lidé se nestarají o dobro ostatních lidí, ale pouze o své vlastní blaho.

Třebaže ne tak extrémní jako jsou tyto případy, přece můžeme najít mnoho sobeckých činů i ve svém každodenním životě.

Například nějací kolegové nebo přátelé se jdou společně najíst. Musejí si vybrat, co si dají a jeden z nich trvá na tom, co chce jíst on. Další souhlasí s výběrem jídla, které chce dotyčný člověk jíst, ale uvnitř s tím není úplně zajedno. A ještě jiný člověk se nejprve zeptá na názor ostatních. Potom, pokud má rád jídlo, které si druzí vybrali, jídlo si rád užije. Do které kategorie patříte vy?

Skupina lidí má na večer připravit setkání. Po ruce mají různé názory. Jeden člověk se snaží přesvědčovat druhé, dokud s ním ostatní lidé nesouhlasí. Další člověk netrvá tak moc na svém názoru, ale když se mu nelíbí názor někoho jiného, zdráhá se sice, ale přijímá.

A ještě jiný člověk poslouchá ostatní, kdykoliv vysloví své názory. A i když se jejich představa liší od jeho, snaží se ji následovat. Taková rozdílnost vychází z množství lásky, kterou má každý ve svém srdci.

Pokud nastane konflikt v názorech, který vede ke sporům nebo hádkám, je to proto, že lidé hledají svůj vlastní prospěch a trvají pouze na svých vlastních názorech. Pokud v manželském páru trvá každý na svém vlastním názoru, budou mít manželé neustále střety a nebudou moci jeden druhému porozumět. Mohou mít pokoj, pokud ustoupí a porozumí jeden druhému, ale pokoj je často narušován, protože každý z nich trvá na svém vlastním názoru.

Jestliže někoho milujeme, budeme se o tohoto člověka starat více než sami o sebe. Vezměme v úvahu rodičovskou lásku. Většina rodičů myslí nejprve na své děti, než aby mysleli sami na sebe. A tak by matka raději slyšela: „Vaše dcera je velmi krásná," než: „Vy jste krásná."

Spíše než aby rodiče sami jedli lahůdky, budou šťastnější, když se dobře najedí jejich děti. Raději než by sami nosili kvalitní oblečení, budou šťastnější, když obléčou dobře své děti. Také chtějí, aby jejich děti byly inteligentnější než oni. Touží po tom, aby druzí jejich děti uznávali a milovali. Jestliže takovou lásku projevujeme svým sousedům a komukoliv jinému okolo nás, Bůh Otec v nás bude mít veliké zalíbení!

Abraham s láskou usiloval o prospěch druhých

Klást zájmy druhých nad své vlastní vychází z obětavé lásky. Abraham je dobrým příkladem člověka, který usiloval nejprve o prospěch druhých než o svůj vlastní.

Když Abraham opouštěl své rodné město, jeho synovec Lot ho následoval. Díky Abrahamovi se i Lotovi dostalo velikého požehnání a měl tolik zvířat, že nastala chvíle, kdy nebylo dostatek vody k napojení jak Abrahamových tak Lotových stád. Občas měli mezi sebou pastýři obou stád i rozepře.

Abraham nechtěl, aby došlo k narušení pokoje mezi nimi a dal Lotovi právo si jako první vybrat, kterou stranu země chce a on že by odešel na tu druhou. Nejdůležitější částí péče o stádo je tráva a voda. Místo, na kterém stáli, nemělo dostatek trávy a vody pro všechna stáda a přenechat někomu lepší zemi mělo stejný význam jako vzdát se něčeho, co je nezbytné pro přežití.

Abraham dokázal mít tak veliký ohled na Lota, protože ho velmi miloval. Lot ale ve skutečnosti této Abrahamově lásce neporozuměl; prostě si vybral lepší zemi, údolí Jordánu, a odjel. Cítil se Abraham nepříjemně, když viděl, že si Lot neprodleně bez nejmenšího zaváhání vybral, co bylo dobré pro něho? Ani v nejmenším! Byl šťastný, že si jeho synovec vybral dobrou zemi.

Bůh viděl dobré Abrahamovo srdce a žehnal mu ještě více, kamkoliv šel. Stal se tak bohatým mužem, že ho respektovali dokonce i králové v dané oblasti. Jak je zde ilustrováno, s jistotou obdržíme Boží požehnání, pokud nejprve usilujeme o prospěch druhých lidí a ne o svůj vlastní.

Když dáme svým milovaným něco, co patří nám, naše radost bude větší než cokoliv jiného. Je to takový druh radosti, kterému mohou porozumět jen ti, kteří dali svým milovaným něco velmi vzácného. Ježíš se těšil z takové radosti. Toto největší štěstí můžeme získat, když tříbíme dokonalou lásku. Je obtížné dávat těm, které nenávidíme, ale není vůbec obtížné dávat těm, které milujeme. Z dávání budeme šťastní.

Těšit se největšímu štěstí

Dokonalá láska nás nechává těšit se největšímu štěstí. A abychom měli dokonalou lásku jako Ježíš, musíme mít druhé za přednější sebe. Spíše než sebe samotné bychom měli mít za svou prioritu své bližní, Boha, Pána a církev, a pokud tak činíme, Bůh se o nás postará. Když usilujeme o prospěch druhých lidí, dá nám na oplátku něco lepšího. V nebi budou shromážděny naše nebeské odměny. Proto Bůh říká ve Skutcích 20:35: *„Blaze tomu, kdo dává, ne tomu, kdo bere."*

Ale v jedné věci bychom měli mít jasno. Nesmíme si způsobit zdravotní problémy tím, že budeme věrně sloužit Božímu království a překročíme přitom hranice svých fyzických sil. Bůh přijme naše srdce, pokud se snažíme být věrní až za naše hranice. Naše fyzické tělo však potřebuje odpočinek. Měli bychom také pečovat o to, aby se dobře dařilo naší duši tím, že se budeme modlit, držet půst a číst Boží slovo, ne pouze sloužit ve své církvi.

Někteří lidé ubližují nebo způsobují škodu svým rodinným příslušníkům nebo jiným lidem tím, že tráví příliš mnoho času náboženskými nebo církevními aktivitami. A tak například někteří lidé nemohou konat řádně své povinnosti v práci, protože se postí. Někteří studenti zase mohou zanedbávat své studium, aby se zúčastnili aktivit nedělní školy.

Ve výše uvedených případech si tito lidé mohou myslet, že neusilovali o svůj vlastní prospěch, protože přece tvrdě pracují. To však není úplná pravda. Navzdory skutečnosti, že slouží Pánu, nejsou věrní v celém Božím domě, a tudíž to znamená, že nenaplnili veškerou svou povinnost Božích dětí. Konec konců, usilovali pouze o svůj vlastní prospěch.

Co bychom tedy měli dělat, abychom se vyhnuli hledání svého vlastního prospěchu ve všech věcech? Musíme spoléhat na Ducha svatého. Duch svatý, který je srdcem Boha, nás vede k pravdě. K Boží slávě můžeme žít pouze tehdy, když děláme všechno pod vedením Ducha svatého, jak říká apoštol Pavel: *„Ať tedy jíte či pijete či cokoli jiného děláte, všecko čiňte k slávě Boží"* (1 Korintským 10:31).

Abychom dokázali dělat výše uvedené, musíme zavrhnout zlo ze svého srdce. Kromě toho, pokud ve svém srdci tříbíme opravdovou lásku, sestoupí na nás moudrost dobroty, takže dokážeme rozlišovat Boží vůli v každé situaci. Jak je uvedeno výše, pokud se dobře daří naší duši, všechno se v našem životě ubírá dobrým směrem a my budeme zdraví, takže můžeme být naplno věrní Bohu. Budou nás rovněž milovat naši rodinní příslušníci i naši bližní.

Když ke mně přicházejí novomanželé pro modlitbu a požehnání, vždy se modlím za to, aby nejprve hledali prospěch jeden druhého. Pokud začnou usilovat o svůj vlastní, nikdy nebudou moci mít pokojnou rodinu.

My lidé dokážeme usilovat o prospěch těch, které milujeme nebo těch, kteří nám mohou být prospěšní. Ale co ti, kteří nám ztrpčují život v každém ohledu a vždy následují jen svůj vlastní prospěch? A co třeba ti, kdo nám ubližují nebo nám způsobí škodu nebo ti, kdo nám nemohou být nikterak užiteční? Jak jednáme s těmi, kteří jednají v nepravdě a pořád mluví zle?

V těchto případech, pokud se jim jen vyhýbáme nebo nejsme ochotni se pro ně obětovat, znamená to, že stále hledáme svůj vlastní prospěch. Měli bychom být schopni se obětovat a umět jednat i s těmi lidmi, kteří mají jiné myšlenky, než jsou naše vlastní. Až poté můžeme být pokládáni za jedince, kteří vyzařují duchovní lásku.

8. Láska se nedá vydráždit

Láska činí srdce člověka pozitivním. Na druhou stranu, hněv dělá lidské srdce negativním. Hněv srdce zraňuje a zatemňuje ho. Takže, pokud se rozzlobíte, nemůžete přebývat v Boží lásce. Závažnější nástrahy, které nepřítel ďábel a satan líčí před Boží děti, jsou nenávist a hněv.

Nechat se vydráždit neznamená se pouze nahněvat, křičet, proklínat a být násilnický. Pokud se vám zkroutí obličej, pokud váš obličej mění barvy a pokud se způsob vašeho hovoru stane úsečným, to celé je součástí skutku vyprovokování. Ačkoliv závažnost je v každém případě jiná, je to stále vnější projev nenávisti a špatných emocí v srdci. Potom bychom ale, pouze díky tomu, že uvidíme něčí zjev, neměli soudit nebo odsuzovat jiné a myslet si, že se hněvají. Pro nikoho není snadné přesně porozumět srdci druhého člověka.

Ježíš jednou vyhnal ty, kdo prodávali věci v chrámu. Kupci postavili stoly a vyměňovali peníze nebo prodávali dobytek lidem, kteří přišli do Jeruzaléma na hod beránka. Ježíš je velmi mírný; nepře se ani nevykřikuje, a nikdo na ulicích neuslyší jeho hlas. Ale při zhlédnutí této scény je jeho postoj velmi odlišný než obvykle.

Udělal si z provazu bič a vyhnal ovce, krávy a jiná obětní zvířata. Zpřevracel stoly směnárníků i stánky prodavačů holubů. Když viděli tohoto Ježíše lidé okolo, mohli nabýt dojmu, že se hněvá. Ale v této chvíli to není tak, že by se hněval kvůli nějakým špatným emocím, jako je nenávist. Bylo to spravedlivé rozhořčení. Tímto spravedlivým rozhořčením nás nechal uvědomit si, že nespravedlivost v podobě znesvěcení Božího chrámu nelze tolerovat. Tento druh spravedlivého rozhořčení je důsledkem lásky k Bohu, který zdokonaluje lásku svou spravedlností.

Rozdíl mezi spravedlivým rozhořčením a hněvem

Ve 3. kapitole Markova evangelia Ježíš v sobotu uzdravil člověka, který měl odumřelou ruku. Lidé číhali na Ježíše, aby viděli, zda uzdraví člověka v sobotu, aby jej obžalovali z porušování soboty. V té chvíli Ježíš znal jejich srdce a zeptal se: *„Je dovoleno v sobotu jednat dobře, či zle, život zachránit, či utratit?"* (Marek 3:4) Jejich záměr byl odhalen a oni neměli, co by k tomu dodali. Ježíšův hněv se obrátil proti tvrdosti jejich srdce.

Tu se po nich rozhlédl s hněvem, zarmoucen tvrdostí jejich srdce, a řekl tomu člověku: „Zvedni ruku!" Zvedl ji, a jeho ruka byla zase zdravá (Marek 3:5).

V té chvíli se zlí lidé pouze snažili odsoudit a zabít Ježíše, který dělal jen dobré skutky. A tak občas Ježíš používal silné výrazy. Bylo to proto, aby si lidé uvědomili cestu zkázy a odvrátili se od ní. Podobně bylo spravedlivé rozhořčení Ježíše vedlejším produktem jeho lásky. Toto rozhořčení občas lidi probudilo a dovedlo je k životu. To je způsob, jakým se výrazy nechat se vydráždit a spravedlivě se rozhořčit zcela liší. Pouze když se někdo stane posvěceným a nemá vůbec žádný hřích, jeho výtka a pokárání dává duším život. Bez posvěcení srdce však člověk nemůže nést tento druh ovoce.

Existuje několik důvodů, proč se lidé rozzlobí. Za prvé, protože se představy jednotlivých lidí a to, co si přejí, od sebe navzájem liší. Každý má jiné rodinné zázemí a vzdělání, a tak se jejich srdce, myšlenky a normy souzení všechny od sebe liší. Lidé se však snaží, aby ostatní seděli jejich vlastním představám, a v tomto procesu začínají mít negativní emoce.

Dejme tomu, že manžel má rád jídlo osolenější, zatímco jeho manželka ne. Manželka může říct: „Příliš osolené jídlo není dobré pro tvoje zdraví, měl bys konzumovat méně soli." Dává tuto radu kvůli manželovu zdraví. Pokud však manžel nechce, neměla by na tom trvat. Měli by najít cestu, jak jeden druhému ustoupit. Mohou vytvořit šťastnou rodinu, když se o to spolu budou snažit.

Za druhé, člověk se může rozzlobit, když ho druzí neposlouchají. Pokud je mnohem starší nebo ve vysoké pozici, chce, aby ho ostatní poslouchali. Samozřejmě je správné mít úctu k seniorům a poslouchat ty, kdo jsou ve vedoucí pozici v hierarchii, ale ani u těchto lidí není správné nutit ty, kdo jsou na nižší pozici, aby poslouchali.

Existují případy, kdy člověk, který je vyšší v hierarchii, vůbec nenaslouchá svým podřízeným, ale pouze chce, aby bezpodmínečně následovali jeho slova. V jiných případech se lidé rozzlobí, když utrpí ztrátu nebo se s nimi nespravedlivě jedná. Nadto se člověk může rozzlobit, když ho lidé bez příčiny nesnášejí nebo když se věci neudělají, jak si přál nebo nařídil; nebo když ho lidé proklínají nebo ho urážejí.

Dříve než se rozzlobí, mají lidé ve svém srdci nejprve špatné emoce. Slova nebo skutky druhých tyto jejich emoce stimulují. Nakonec vyjdou pobouřené emoce ven v podobě hněvu. Obvykle je to tak, že jsou tyto špatné emoce prvním krokem k tomu, abyste se rozzlobili. Pokud se rozzlobíme, nemůžeme přebývat v Boží lásce a náš duchovní růst je vážně zbržděn. Pokud máme špatné emoce, nemůžeme pravdou změnit sami sebe. Musíme skoncovat s tím nechat se vydráždit a zavrhnout hněv samotný. 1 Korintským 3:16 říká: *„Nevíte, že jste Boží chrám a že Duch Boží ve vás přebývá?"*

Uvědomme si, že Duch svatý bere naše srdce jako chrám a že Bůh nás vždy sleduje, takže se nenechme vydráždit jen proto, že některé věci nejsou v souladu s našimi vlastními představami.

Hněv člověka nedosáhne Boží spravedlnosti

Co se týče Elíši, obdržel dvojnásobný díl ducha svého učitele, Elijášova ducha, a vykonal více skutků Boží moci. Požehnal neplodné ženě početím, oživil mrtvého člověka, uzdravil malomocné a porazil nepřátelskou armádu. Změnil vodu, která nebyla k pití, v pitnou vodu tak, že do ní hodil sůl. Nicméně zemřel nemocen, což byla u velkého Božího proroka vcelku rarita. Co mohlo být důvodem? Stalo se to, když stoupal do Bét-elu. Skupina mladých chlapců vyšla z města a dělali si z něho legraci, protože neměl na hlavě moc vlasů a jeho zjev nebyl zrovna příjemný. *„Táhni, ty s lysinou, táhni, ty s lysinou!"* (2 Královská 2:23)

Ne pouze několik, ale velmi mnoho chlapců ho pronásledovalo a vysmívali se Elíšovi, až mu bylo trapně. Vynadal jim a spílal jim, ale neposlouchali. Byli tak tvrdohlaví a tak mu ztrpčovali chvíle, až to bylo pro proroka dál nesnesitelné. Bét-el byl po rozdělení národa něco jako domácí základna modlářství v severním Izraeli. Chlapci v této oblasti museli mít zatvrzelá srdce kvůli prostředí uctívání model. Mohli mu zatarasit cestu, plivat po Elíšovi nebo po něm dokonce házet kameny. Elíša je nakonec proklel. Z křovin vyběhly dvě medvědice a roztrhaly z nich čtyřicet dvě děti.

Samozřejmě, že to na sebe přivolali tím, že se posmívali Božímu muži a překročili při tom veškeré hranice, ale rovněž to dokazuje, že Elíša měl špatné emoce. Není to irelevantní vzhledem ke skutečnosti, že zemřel nemocen. Můžeme vidět, že není pro Boží děti správné se nechat vydráždit. *„Vždyť lidským hněvem spravedlnost Boží neprosadíš"* (Jakubův list 1:20).

Nedat se vydráždit

Co musíme udělat, abychom se nerozhněvali? Musíme hněv potlačit sebeovládáním? Když silně stlačíme pružinu, dostane velikou odrazovou sílu a ve chvíli, kdy dáme ruce pryč, vyskočí. S hněvem je to stejné. Pokud ho jen potlačíme, může se nám podařit vyhnout se konfliktu v dané chvíli, ale nakonec dříve či později exploduje. Proto, abychom se nedali vydráždit, musíme se zbavit samotné emoce hněvu. Neměli bychom ho jen potlačit, ale změnit svůj hněv v dobrotu a lásku, abychom nemuseli nic potlačovat.

Samozřejmě nemůžeme přes noc zavrhnout všechny špatné emoce a nahradit je dobrotou a láskou. Musíme to neustále zkoušet den co den. Za prvé, když nastane provokativní situace, musíme tuto situaci přenechat Bohu a být trpěliví. Říká se, že ve studii Thomase Jeffersona, třetího prezidenta Spojených států, se píše: „Když se rozhněváte, počítejte do deseti, než promluvíte; pokud jste velmi rozhněvaní, tak do stovky." Korejské přísloví říká: „Trojnásobná trpělivost zastaví vraždu." Když se rozhněváme, měli bychom se stáhnout a přemýšlet nad tím, jaký prospěch nám přinese, když se budeme hněvat. Potom se nedopustíme ničeho, čeho bychom litovali nebo za co bychom se museli stydět. Když se snažíme být trpěliví pomocí modliteb a Ducha svatého, brzy zavrhneme špatné emoce hněvu samotného. Pokud jsme se předtím dokázali rozhněvat desetkrát, číslo se bude snižovat na devět, osm a tak dále. Později si zachováme i v provokativní situaci pouze pokoj. Potom budeme opravdu šťastní!

Přísloví 12:16 říká: *„U pošetilce se jeho hoře pozná týž den, kdežto chytrý přikryje hanbu,"* a Přísloví 19:11 říká: *„Prozíravost činí člověka shovívavým, promíjet přestupky je jeho ozdobou."*

'Anger' („Hněv') je pouze jedno ‚D' od ‚Danger' („Nebezpečí'). Měli bychom být schopni si uvědomit, jak nebezpečné je rozhněvat se. Konečným vítězem bude ten, kdo vytrvá. Někteří lidé cvičí sebeovládání, když jsou v církvi i v situacích, které je mohou rozhněvat, ale snadno se rozhněvají doma, ve škole nebo v práci. Bůh neexistuje pouze v církvi.

Ví o našem vycházení a vcházení a každém slově, které řekneme a každé myšlence, kterou máme. Sleduje nás všude a Duch svatý přebývá v našem srdci. Proto musíme žít, jako kdybychom stáli po celou dobu před Bohem.

Jeden manželský pár se hádal a rozhněvaný manžel křičel na

svou ženu, aby zavřela hubu. Byla v takovém šoku, že už ústa znovu neotevřela až do své smrti. Manžel, který popustil uzdu svému temperamentu a vybuchl na svou ženu, velmi trpěl stejně jako ona. Nechat se vydráždit může způsobit utrpení mnoha lidem a my bychom měli usilovat o to, abychom se zbavili všech špatných emocí.

9. Láska nepočítá křivdy

V průběhu své služby jsem přišel do styku se širokým spektrem lidí. Někteří lidé cítí emoce Boží lásky už, když na Boha pomyslí a začnou prolévat slzy, zatímco jiní se ve svém srdci starají, protože necítí hlubokou Boží lásku ve svém srdci, ačkoliv v něho opravdu věří a milují ho.

Rozsah, do jakého cítíme Boží lásku, závisí na tom, do jaké míry jsme zavrhli hříchy a zlo. Do té míry, do jaké žijeme podle Božího slova a zbavujeme se zla ve svém srdci, můžeme cítit Boží lásku hluboko v našem srdci, aniž by došlo k přerušení růstu naší víry. Občas se můžeme na svém pochodu víry setkat s obtížemi, ale v těchto časech musíme mít na paměti lásku Boha, který na nás po celou dobu čeká. Potud, pokud budeme mít na paměti jeho lásku, nebudeme počítat křivdy.

Počítat křivdy

Ve své knize *Healing Life's Hidden Addictions (Uzdravení skrytých závislostí v životě)* Dr. Archibald D. Hart, dřívější děkan školy psychologie na Fullerově teologickém semináři (School of Psychology at Fuller Theological Seminary), řekl, že jeden ze čtyř mladých lidí v Americe trpí vážnou depresí a tato deprese, drogy, sex, Internet, pití alkoholu a kouření ničí životy mladých lidí.

Když přestanou narkomani používat látky, které mění myšlení, pocity a chování, zbudou jim jen malé schopnosti se s tím vypořádat, pokud vůbec nějaké. Aby narkoman unikl, může se obrátit k jiným návykovým chováním, která mohou manipulovat chemii v mozku. Tato návyková chování mohou zahrnovat sex, lásku a vztah (SLV). Z ničeho nedokážou získat opravdové uspokojení a ani nedokážou cítit milost a radost, které pocházejí ze vztahu s Bohem a tudíž jsou podle Dr. Harta vážně nemocní. Závislost je pokus dosáhnout uspokojení z jiných věcí než z milosti a radosti, které dává Bůh a je důsledkem ignorování Boha. Oběť závislosti bude v zásadě po celou dobu myslet na křivdu.

Co je tedy křivda? Vztahuje se na všechny zlé věci, které nejsou v souladu s Boží vůlí. Přemýšlení o zlu může být rozděleno do tří kategorií.

První jsou vaše myšlenky na to, že chcete, aby se přihodilo něco zlého druhým lidem.

Například dejme tomu, že se s někým pohádáte. Potom ho nenávidíte tak moc, že si pomyslíte něco jako: „Přeju si, aby zakopl a upadl." Rovněž řekněme, že nemáte dobrý vztah se svým sousedem a jemu se stane něco špatného. Potom si pomyslíte: „Dobře mu tak!" nebo „Věděl jsem, že k tomu dojde!" V případě studentů může určitý student chtít, aby si jeho spolužák nevedl dobře u zkoušky.

Pokud v sobě máte opravdovou lásku, nikdy nebudete myslet na takové špatné věci. Chtěli byste, aby vaši draží onemocněli nebo se jim přihodilo nějaké neštěstí? Vždycky budete chtít, aby byli vaše drahá žena nebo muž zdraví a nepřihodilo se jim nic zlého. Protože nemáme ve svém srdci lásku, chceme, aby se druhým stalo něco zlého, a radujeme se z neštěstí druhých.

Pokud nemáme lásku, chceme také znát špatnosti nebo slabé

stránky druhých lidí a šířit je. Dejme tomu, že jdete na setkání a někdo tam říká o jiné osobě něco špatného. Jestliže vás tato konverzace zaujme, potom byste měli zkoumat své srdce. Kdyby někdo pomlouval vaše rodiče, chtěli byste zůstat a poslouchat to? Pověděli byste jim, aby hned přestali.

Samozřejmě, že jsou chvíle a případy, kdy musíte znát situaci druhých, protože těm lidem chcete pomoci. Nejedná-li se však o tento případ a vás stále velmi zajímá, co zlého se druhým lidem stalo, je to proto, že máte touhu pomlouvat a roznášet o druhých klepy. *„Kdo stojí o lásku, přikrývá přestoupení, ale kdo je přetřásá, rozlučuje důvěrné přátele"* (Přísloví 17:9).

Ti, kdo jsou dobří a mají lásku ve svém srdci, se pokusí přikrýt chybu druhých. Také, pokud máme duchovní lásku, nebudeme žárlit nebo závidět, když se druzí mají dobře. Budeme si pouze přát, aby se jim dařilo a lidi je měli rádi. Pán Ježíš nám řekl, abychom milovali i své nepřátele. Římanům 12:14 rovněž říká: *„Svolávejte dobro na ty, kteří vás pronásledují, dobro a ne zlo."*

Druhým aspektem zlého přemýšlení jsou myšlenky souzení a odsuzování druhých.

Například dejme tomu, že jste viděli jiného věřícího jít na místo, kam by věřící neměl chodit. Jaké myšlenky se vám budou honit hlavou? Můžete mít na něho negativní názor do té míry, do jaké v sobě máte zlo a přemýšlet podobně jako: ,Jak to mohl udělat?' Nebo máte-li v sobě nějakou dobrotu, můžete se divit: ,Proč by chodil na takové místo?', ale potom změníte názor a pomyslíte si, že k tomu musel mít důvod.

Jestliže však máte ve svém srdci duchovní lásku, nebude mít na prvním místě žádné špatné myšlenky. I když uslyšíte něco, co není dobré, nevynesete soud ani neodsoudíte toho člověka, dokud si skutečnosti ještě jednou neověříte. Když rodiče slyší o svých dětech nějaké špatné zprávy, jak ve většině případů reagují? Nepřijmou to snadno, ale spíše trvají na tom, že jejich děti by takové věci neudělaly. Pomyslí si, že člověk, který tyto věci říká, je špatný. Stejně tak, pokud někoho skutečně milujete, budete se snažit o něm smýšlet co nejlépe.

V dnešní době však zjišťujeme, že lidé o druhých lidech smýšlejí zle a snadno o nich říkají špatné věci. Neděje se to pouze v osobních vztazích, ale kritizují rovněž ty, kteří jsou ve veřejných funkcích. Ani se nepokusí udělat si celkový obraz toho, co se opravdu stalo, a přesto šíří nepodložené zvěsti. Kvůli agresivním odpovědím na Internetu někteří lidé dokonce páchají sebevraždu. Jednoduše soudí a odsuzují druhé podle svých vlastních norem a ne podle Božího slova. Jaká je však Boží dobrá vůle?

Jakubův list 4:12 nás varuje: *„Jeden je zákonodárce i soudce; on může zachránit i zahubit. Ale kdo jsi ty, že odsuzuješ bližního?"*

Pouze Bůh může skutečně soudit. Bůh nám tudíž říká, že je špatné odsuzovat svého bližního. Dejme tomu, že někdo očividně udělal něco špatného. V této situaci není pro ty, kdo mají duchovní lásku, důležité, zda má tento člověk v tom, co udělal, pravdu nebo se mýlil. Budou pouze myslet na to, co je pro toho člověka skutečně prospěšné. Budou pouze chtít, aby se duši toho člověka dařilo a aby ho Bůh miloval.

Kromě toho, dokonalá láska nemá pouze přikrýt přestoupení, ale také pomoci druhému člověku, aby dokázal činit pokání. Měli bychom rovněž být schopni vyučovat pravdu a dotknout se srdce toho člověka, aby mohl jít správnou cestou a změnit se. Máme-li dokonalou duchovní lásku, nemusíme se pokoušet na tohoto člověka dívat s dobrotou. Přirozeně milujeme i člověka s mnoha přestoupeními. Budeme mu pouze chtít důvěřovat a pomáhat mu. Pokud nemáme žádné myšlenky na souzení a odsuzování druhých, budeme šťastní, ať se setkáme s kýmkoliv.

Třetím aspektem jsou všechny myšlenky, které nejsou v souladu s Boží vůlí.

Nejenom mít špatné myšlenky o druhých, ale také mít jakoukoliv myšlenku, která není v souladu s Boží vůlí, je zlé myšlení. Ve světě se říká, že lidé, kteří žijí podle morálních norem a podle svědomí, žijí dobrý život.

Avšak ani morálka ani svědomí nemohou být absolutní normou dobra. Obě mají mnoho věcí, které jsou v rozporu s Božím slovem nebo jeho úplným opakem. Pouze Boží slovo může být absolutní normou dobra.

Ti, kdo přijmou Pána, vyznávají, že jsou hříšníky. Lidé mohou být na sebe hrdí kvůli skutečnosti, že žijí dobré a morální životy, ale podle Božího slova jsou stále špatní a pořád jsou hříšníky. To proto, že cokoliv není v souladu s Božím slovem, je špatné a hříšné a Boží slovo je jedinou absolutní normou dobra (1 Janův 3:4).

Jaký je tedy potom rozdíl mezi hříchem a zlem? V širším slova smyslu jsou hřích i zlo oba nepravdou, která je proti pravdě, kterou je Boží slovo. Jsou tmou, která je v protikladu k Bohu, který je světlem.

Když ale zajdeme do větších detailů, jeden od druhého se dost liší. Když oba přirovnáme ke stromu, ,zlo' je jako kořen, který je v půdě a není viditelný, a ,hřích' je jako větve, listy a ovoce.

Bez kořene nemůže mít strom větve, listy nebo ovoce. Podobně se hřích uskutečňuje kvůli zla. Zlo je přirozenost, která je v lidském srdci. Je to přirozenost, která je proti Boží dobrotě, lásce a pravdě. Když se toto zlo v určité formě projeví, mluvíme o tom jako o hříchu.

Ježíš řekl: *„Dobrý člověk z dobrého pokladu svého srdce vydává dobré a zlý ze zlého vydává zlé. Jeho ústa mluví, čím srdce přetéká"* (Lukáš 6:45).

Dejme tomu, že člověk říká něco, co zraňuje někoho jiného, koho nenávidí. To je, když se zlo v jeho srdci projeví jako ,nenávist' a ,zlá slova', což jsou konkrétní hříchy. Hřích si uvědomujeme a stanovujeme podle normy zvané Boží slovo, které je nařízením.

Bez zákona nemůže nikdo nikoho potrestat, protože neexistuje norma ohledně rozpoznání a rozsudku. A tak je hřích odhalen, pokud je proti normě zvané Boží slovo. Hřích můžeme rozčlenit na věci těla a skutky těla. Věci těla jsou hříchy spáchané v srdci a myšlenkách jako nenávist, závist, žárlivost, cizoložná mysl, kdežto skutky těla jsou hříchy spáchané skutkem jako hádky, prudký výbuch hněvu nebo vražda.

Je to poněkud podobné hříchům nebo zločinům tohoto světa, které jsou rovněž rozčleněny na různé hříchy. Například, v závislosti na tom, proti komu je zločin spáchán, může být zločin proti národu, lidem nebo jednotlivci.

Třebaže však má někdo zlo ve svém srdci, není definitivní, že se dopustí hříchů. Pokud naslouchá Božímu slovu a má sebeovládání, může se vyhnout páchání hříchů, ačkoliv má ve svém srdci zlo. V této fázi může být uspokojen pouze tím, že si myslí, že již dosáhl posvěcení, a to jen proto, že se ještě nedopustil očividných hříchů.

Abychom byli zcela posvěceni, musíme se nicméně zbavit zla, které máme ve své přirozenosti ukryté hluboko v našem srdci. V povaze každého je obsaženo zlo zděděné po jeho rodičích. V běžných situacích se obvykle neprojeví, ale v extrémní situaci vyplave na povrch.

Korejské přísloví říká: „Každý přeskočí plot souseda, pokud trpí po tři dny hlady." Je to stejné jako „Účel světí prostředky." Dokud nejsme zcela posvěceni, tak se zlo, které bylo skryto, v extrémní situaci projeví.

Ačkoliv mimořádně malý, trus much je stále trus. Podobně stejným způsobem, ačkoliv nejde o hříchy, všechny věci, které nejsou v očích dokonalého Boha dokonalé, jsou konec konců formy zla. To je důvod, proč 1 Tesalonickým 5:22 říká: *„Zlého se chraňte v každé podobě."*

Bůh je láska. Boží přikázání mohou být v zásadě zkráceny v ‚lásku'. Nemilovat je tudíž zlo a protizákonnost. Proto prověřením, zda počítáme křivdy, můžeme myslet na to, jak hodně v sobě máme lásky. Do té míry do jaké milujeme Boha a jiné duše, nebudeme počítat křivdy.

A to je jeho přikázání: věřit jménu jeho Syna Ježíše Krista a navzájem se milovat, jak nám přikázal (1 Janův 3:23).

Láska neudělá bližnímu nic zlého. Je tedy láska naplněním zákona (Římanům 13:10).

Nepočítat křivdy

Abychom nepočítali křivdy, nesmíme se především dívat na špatné věci nebo je poslouchat. I když k tomu dojde, neměli bychom se pokoušet si to připomínat nebo o tom znovu přemýšlet. Nesmíme se snažit si to připomínat. Samozřejmě občas nedokážeme ovládnout své vlastní myšlenky. Konkrétní myšlenka může o to silněji vyvstat, o co víc se snažíme na ni nemyslet. Ale když modlitbami setrváme ve snaze nemít zlé myšlenky, Duch svatý nám pomůže. Nesmíme se nikdy záměrně dívat, poslouchat nebo myslet na špatné věci a navíc bychom měli zavrhovat i myšlenky, které nám momentálně probleskou myslí.

Ani se nesmíme podílet na žádných zlých skutcích. 2 Janův 1:10-11 říká: „*Přijde-li někdo k vám a nepřináší toto učení, nepřijímejte ho do domu a nevítejte ho; kdo ho vítá, má účast na jeho zlých skutcích.*" Je to tak, že Bůh nám radí, abychom se vyhnuli zlu a nepřijímali ho.

Lidé dědí hříšnou přirozenost od svých rodičů. Zatímco žijí na tomto světě, přicházejí do kontaktu s mnoha nepravdami. Na základě této hříšné přirozenosti a nepravd člověk rozvíjí svůj osobní charakter nebo ‚já'. Křesťanský život znamená zavrhnout hříšnou přirozenost a nepravdy ve chvíli, kdy přijmeme Pána. Abychom zavrhli tuto hříšnou přirozenost a nepravdy, potřebujeme veliké množství trpělivosti a úsilí. Protože žijeme na tomto světě, jsme důvěrněji obeznámeni s nepravdou spíše než s pravdou. Je relativně snazší přijmout nepravdu a vložit ji do sebe než ji zavrhnout. Například je snadné zašpinit bílé šaty černým inkoustem, ale je velmi obtížné tuto skvrnu odstranit a mít šaty zase úplně bílé.

Rovněž, i když něco vypadá jako malé zlo, může se to ve chvíli rozvinout ve velké. Zrovna jako říká Galatským 5:9: „*Málo kvasu celé těsto prokvasí,*" malé zlo se může velmi rychle rozšířit k mnoha lidem. Proto musíme být opatrní i na to sebenepatrnější zlo. Abychom dokázali nemyslet na zlo, musíme ho nenávidět, aniž bychom na něj znovu pomysleli. Bůh nám nařizuje: „*Vy, kdo milujete Hospodina, mějte v nenávisti zlo*" (Žalm 97:10) a učí nás, že: „*Bázeň před Hospodinem znamená nenávidět zlo*" (Přísloví 8:13).

Pokud někoho vášnivě milujete, bude se vám líbit, co se líbí tomu člověku a nebude se vám líbit, co se nelíbí jemu. Nebudete pro to muset mít důvod. Když se Boží děti, které obdržely Ducha svatého, dopouštějí hříchů, Duch svatý v nich sténá. A tak mají ve svém srdci pocit trápení. Potom si uvědomí, že Bůh nenávidí tyto věci, které udělali a snaží se hříchů znovu nedopustit. Je důležité se pokusit zavrhnout i ty nejnepatrnější formy zla a neakceptovat žádné další zlo.

Přísun Božího slova a modliteb

Zlo je tak zbytečná věc. Přísloví 22:8 říká: „*Kdo rozsévá bezpráví, sklidí ničemnost.*" Na nás nebo na naše děti mohou přijít nemoci nebo můžeme čelit neštěstí. Můžeme žít v žalu kvůli chudobě a rodinným problémům. Všechny tyto problémy pocházejí konec konců ze zla.

Neklamte se, Bohu se nikdo nebude posmívat. Co člověk zaseje, to také sklidí (Galatským 6:7).

Samozřejmě, že problémy se nemusí objevit neprodleně před našima očima. V takovém případě, když se zlo navrší do určitého rozsahu, může dokonce způsobit problémy, které ovlivní později i naše děti. Protože lidé ze světa nerozumí takovému pravidlu, dělají mnoho špatných věcí mnoha různými způsoby.

Například pokládají za normální se pomstít těm, kteří jim ublížili. Přísloví 20:22 však říká: *„Neříkej: ‚Odplatím za zlo!' Čekej na Hospodina a on tě zachrání.“*

Bůh vládne životu, smrti, štěstí a neštěstí lidstva podle své spravedlnosti. Proto, pokud konáme dobro podle Božího slova, s určitostí sklidíme ovoce dobroty. Je to, jak je zaslíbeno v Exodu 20:6, kde se říká: *„…ale prokazuji milosrdenství tisícům pokolení těch, kteří mě milují a má přikázání zachovávají.“*

Abychom se drželi stranou od zla, musíme zlo nenávidět. A na vrchol toho všeho musíme mít po celou dobu v hojné zásobě dvě věci. Jsou to Boží slovo a modlitby. Když dnem a nocí přemýšlíme nad Božím slovem, dokážeme zahnat zlé myšlenky a mít duchovní a dobré myšlenky. Dokážeme pochopit, jaký skutek je skutkem opravdové lásky.

Rovněž, zatímco se modlíme, přemýšlíme ještě hlouběji nad Božím slovem, takže si dokážeme uvědomit zlo ve svých slovech a skutcích. Když se horlivě modlíme s pomocí Ducha svatého, dokážeme vládnout nad zlem a zavrhnout zlo ze svého srdce. Zavrhněme tedy rychle zlo pomocí Božího slova a modlitby, abychom mohli žít život naplněný štěstím.

10. Láska nemá radost ze špatnosti

Čím rozvinutější společnost, tím větší šance pro to, aby uspěl čestný člověk. Naopak, méně rozvinutější země směřují k větší korupci a téměř cokoli lze mít nebo udělat díky penězům. Korupce je nazývána nemocí národů, protože se vztahuje k prosperitě země. Korupce a nepoctivost rovněž do veliké míry ovlivňují životy jednotlivců. Sobečtí lidé nemohou dosáhnout skutečného uspokojení, protože myslí jen na sebe a nedokážou milovat druhé. Neradovat se ze špatnosti a nepočítat křivdy je docela podobné. ,Nepočítat křivdy, které někdo utrpěl' znamená nemít v srdci žádné zlo. ,Neradovat se ze špatnosti' znamená nemít potěšení z ostudného nebo hanebného chování, skutků nebo jednání a neúčastnit se jich.

Dejme tomu, že závidíte příteli, který je bohatý. Nemáte ho v oblibě, protože se zdá, že se svým bohatstvím vždy chlubí. Také si myslíte něco jako: ,Je tak bohatý a co já? Doufám, že zbankrotuje.' To znamená pomýšlet na špatné věci. Ale jednoho dne ho někdo podvede a jeho společnost během dne zkrachuje. Pokud vám pomyšlení na to dělá radost: ,Chlubil se svým bohatstvím, dobře mu tak!' potom to znamená se z toho radovat a mít radost ze špatnosti. Kromě toho, pokud se takového činu zúčastníte, znamená to aktivně se radovat ze špatnosti.

Existuje špatnost obecně, o které si dokonce nevěřící myslí, že je to špatnost. Například někteří lidé shromažďují své bohatství nepoctivě podváděním nebo vyhrožováním druhým lidem násilím. Někdo může porušit předpisy nebo zákony země a přijmout něco výměnou za svůj osobní prospěch. Jestliže soudce vydá nespravedlivý rozsudek potom, co přijme úplatky, a je potrestán nevinný člověk, je to špatnost z pohledu každého. Je to zneužití jeho postavení soudce. Když někdo něco prodává, může podvádět v množství nebo kvalitě. Může používat levné a málo kvalitní materiály, aby získal ještě větší zisk. Nemyslí na ostatní, ale pouze na svůj vlastní krátkodobý prospěch. Ví, co je správné, ale neváhá podvádět ostatní, protože se raduje z nepoctivě nabitých peněz. Ve skutečnosti existuje velmi mnoho lidí, kteří podvádějí druhé pro nepoctivý zisk. A co my? Můžeme říct, že jsme čistí?

Dejme tomu, že se stane něco následujícího. Jste státní zaměstnanec a dozvíte se, že jeden z vašich blízkých přátel vydělává nelegálním podnikáním veliké množství peněz. Pokud bude chycen, bude tvrdě potrestán a tento váš přítel vám nabídne velikou částku peněz za to, abyste mlčeli a chvíli to ignorovali. Řekne vám, že dostanete později ještě větší částku peněz. Ve stejné chvíli potká vaši rodinu mimořádná událost a vy nutně potřebujete větší obnos peněz. Co uděláte?

Představme si jinou situaci. Jednoho dne zkontrolujete svůj bankovní účet a máte více peněz, než jste si mysleli. Dozvíte se, že částka, která měla být odvedena jako daň, nebyla z vašeho účtu stažena. Jak zareagujete v takovém případě? Budete se radovat a myslet si, že je to jejich chyba a ne vaše zodpovědnost? 2 Paralipomenon 19:7 říká: *„Ať je nyní nad vámi strach z Hospodina; konejte všechno bedlivě. U Hospodina, našeho Boha, neobstojí žádné bezpráví ani stranění osobám ani* *úplatkářství.* " Bůh je spravedlivý; nemá v sobě vůbec žádnou nepoctivost. Můžeme se skrýt před zrakem lidí, ale nemůžeme podvést Boha. Proto, i když s bázní před Bohem, musíme chodit po správné cestě se ctí. Přemýšlejme nyní o případu Abrahama. Když byl jeho synovec v Sodomě zajat ve válce, Abraham získal zpět nejenom svého synovce, ale také lidi, kteří byli zajati spolu s ním a jejich majetek. Sodomský král chtěl ukázat svou vděčnost a dát Abrahamovi zpět některé věci, které přinesl nazpátek králi, ale Abraham nepřijal.

Abram však sodomskému králi odvětil: „Pozdvihl jsem ruku k přísaze Hospodinu, Bohu Nejvyššímu, jemuž patří nebesa i země, že z ničeho, co je tvé, nevezmu nitku ani řemínek k opánkům, abys neřekl: ‚Já jsem učinil Abrama bohatým'" (Genesis 14:22-23).

Když zemřela jeho žena Sára, jeden vlastník země mu nabídl pohřebiště, ale on to nepřijal. Zaplatil poctivou cenu. To aby v budoucnu nenastal ohledně země žádný spor. Učinil, jak učinil, protože byl poctivý člověk; nechtěl získat žádný nezasloužený zisk ani nespravedlivý prospěch. Kdyby usiloval o peníze, mohl jednoduše následovat, co pro něj bylo prospěšné.

Ti, kdo milují Boha a které miluje Bůh, nikdy nikomu neublíží ani nebudou hledat svůj vlastní prospěch porušováním zákona země. Neočekávají nic víc, než to, co si zaslouží díky své poctivé práci. Ti, kdo se radují ze špatnosti, nemají lásku k Bohu ani ke svým bližním.

Špatnost v Božích očích

Špatnost v Pánu je poněkud odlišná od špatnosti v obecném kontextu. Nejde jen o to porušit zákon a způsobit škodu druhým, ale je to jakýkoliv a každý hřích, který je proti Božímu slovu. Když zlo v srdci vzejde v konkrétní formě, jde o hřích a toto je špatnost. Mezi mnoha hříchy se obzvláště špatnost vztahuje na skutky těla. Tudíž nenávist, závist, žárlivost a jiné zlo v srdci se uskutečňují skutky, jako jsou hádky, rozbroje, násilí, podfuky nebo vražda. Bible nám říká, že jestli se dopouštíme špatnosti, je obtížné dojít spasení.

1 Korintským 6:9-10 říká: „*Což nevíte, že nespravedliví nebudou mít účast v Božím království? Nemylte se: Ani smilníci, ani modláři, ani cizoložníci, ani nemravní, ani zvrácení, ani zloději, ani lakomci, opilci, utrhači, lupiči nebudou mít účast v Božím království.*"

Akán je jedním z lidí, kteří milovali špatnost, která vyústila v jeho zničení. Byl druhou generací Exodu a od dětství vídával a slýchával o věcech, které Bůh vykonal pro jeho lid. Viděl ve dne sloup oblakový a v noci sloup ohnivý, které je vedly. Viděl přestat téct rozvodněný Jordán a během chvíle padnout nedobytné město Jericho. Rovněž dobře věděl o příkazu vůdce Jozueho, že nikdo nesmí vzít žádné věci, které byly ve městě Jerichu, protože měly být obětovány Bohu.

Ale ve chvíli, kdy uviděl věci, které byly v Jerichu, choval se kvůli chamtivosti jako smyslů zbavený. Potom, co žil po dlouhou dobu ve vyprahlé pustině, se mu věci ve městě zdály tak překrásné. V momentě, kdy uviděl překrásný šineárský plášť a kousky zlata a stříbra, zapomněl na Boží slovo a Jozueho příkaz a skryl je pro sebe.

Kvůli tomuto Akánovu hříchu spočívajícímu v porušení Božího nařízení Izrael utrpěl mnoho obětí v další bitvě. Skrze tyto ztráty byla nakonec Akánova nepoctivost odhalena a on i jeho rodina byli ukamenováni k smrti. Kameny vytvořily velkou hromadu a toto místo se nazývá Dolina zkázy.

Rovněž se podívejte do knihy Numeri na kapitoly 22-24. Bileám byl mužem, který komunikoval s Bohem. Jednoho dne ho moábský král Balák požádal o to, aby proklel izraelský lid. A tak Bůh řekl Bileámovi: *„Nepůjdeš s nimi a neproklejš ten lid, neboť je požehnaný!"* (Numeri 22:12). Potom, co uslyšel Boží slovo, Bileám odmítl prosbě moábského krále vyhovět. Když mu ale král poslal zlato a stříbro a mnoho pokladů, jeho mysl byla vyvedena z míry. Nakonec byly jeho oči zaslepeny pokladem a poučil krále, aby nastražil izraelskému lidu past. Co bylo výsledkem? Synové Izraele jedli jídlo obětované modlám a dopustili se cizoložství, čímž na sebe přivedli veliké soužení a Bileám byl nakonec zabit mečem. Bylo to výsledkem toho, že miloval nepoctivý zisk.

Špatnost v Božích očích přímo souvisí se spasením. Pokud vidíme bratry a sestry ve víře jednat špatně, zrovna jako jednají nevěřící ve světě, co bychom měli udělat? Samozřejmě musíme truchlit, modlit se za ně a pomoct jim žít podle Slova. Někteří věřící jim ale závidí a myslí si: ‚Také chci vést snadnější a pohodlnější křesťanský život jako oni.' Kromě toho, pokud se na tom podílíte, nemůžeme říct, že milujete Pána.

Ježíš, ač nevinný, zemřel, aby přivedl Boha nám, kteří jsme nespravedliví (1 Petrův 3:18). Když si uvědomíme tuto velikou lásku Pána, nikdy se nesmíme radovat ze špatnosti. Ti, kdo se neradují ze špatnosti, se nejenom vyhnout účasti na ní, ale aktivně žijí podle Božího slova. Potom se mohou stát přáteli Pána a žít úspěšné životy (Jan 15:14).

11. Láska se vždycky raduje z pravdy

Jan, jeden z dvanácti učedníků Pána Ježíše, byl zachráněn před umučením a žil, dokud nezemřel v pokročilém věku, přičemž šířil mnoha lidem evagelium Ježíše Krista a Boží vůli. Jednou z věcí, ze které se radoval v posledních letech, byly zprávy o tom, že věřící se snaží žít podle Božího slova, pravdy.

Řekl: „*Velice jsem se zaradoval, když přišli bratří a vydávali svědectví o tvé opravdovosti, o tom, že žiješ v pravdě. Nemám větší radost, než když slyším, že moje děti žijí v pravdě*" (3 Janův 1:3-4).

Z výrazu ‚Velice jsem se zaradoval' můžeme vnímat, jak moc byl rád. Kdysi býval natolik prchlivý, že byl nazýván syn hromu, když byl mladý, ale prošel takovou proměnou, že je nazýván apoštol lásky.

Pokud milujeme Boha, nebudeme se dopouštět špatnosti a kromě toho budeme uskutečňovat pravdu. Také se budeme radovat z pravdy. Pravda se vztahuje na Ježíše Krista, na evangelium a na všech 66 knih Bible. Ti, kdo milují Boha a jsou jím milováni, se určitě budou radovat z Ježíše Krista a z evangelia. Budou se radovat, když se rozšíří Boží království. Co tedy znamená radovat se z pravdy?

Za prvé, znamená to radovat se z ‚evangelia'.

‚Evangelium' je dobrá zpráva o tom, že jsme spaseni skrze Ježíše Krista a půjdeme do nebeského království. Mnoho lidí hledá pravdu a klade si otázky typu: ‚Jaký je smysl života? Jaký má život cenu?' Aby získali odpovědi na tyto otázky, studují myšlenkové ideje a filozofii nebo se snaží dostat odpovědi prostřednictvím různých náboženství. Pravdou je však Ježíš Kristus a nikdo nemůže jít do nebe bez Ježíše Krista. To je důvod, proč Ježíš řekl: *„Já jsem ta cesta, pravda i život. Nikdo nepřichází k Otci než skrze mne"* (Jan 14:6).

Tím, že jsme přijali Ježíše Krista, získali jsme spasení a věčný život. Jsou nám odpuštěny hříchy skrze krev Pána a jsme přesunuti z pekla do nebe. Rozumíme nyní významu života a žijeme hodnotný život. Proto je něčím přirozeným, že se radujeme z evangelia. Ti, kdo se radují z evangelia, ho budou také horlivě předávat ostatním. Naplní své Bohem udělené povinnosti a věrně slouží, aby šířili evangelium. Také se radují, když další duše slyší evangelium a získají spasení tím, že přijmou Pána. Radují se, když se šíří Boží království. *„[Bůh] chce, aby všichni lidé došli spásy a poznali pravdu"* (1 Timoteovi 2:4).

Existují však věřící, kteří žárlí na ostatní, když zevangelizují hodně lidí a nesou skvělé ovoce. Některé církve žárlí na jiné církve, když tyto církve rostou a vzdávají slávu Bohu. To neznamená radovat se z pravdy. Pokud máme duchovní lásku ve svém srdci, budeme se radovat, když uvidíme, jak se do velké míry dosahuje Božího království. Budeme se společně radovat, když uvidíme církev, která roste a kterou Bůh miluje. To znamená radovat se z pravdy, tedy radovat se z evangelia.

Za druhé, radovat se z pravdy znamená radovat se ze všeho, co náleží pravdě.

Jde o to se radovat z toho, že vidíme, slyšíme a děláme věci, které náležejí pravdě jako dobrota, láska a spravedlnost. Ti, kdo se radují z pravdy, jsou pohnuti a prolévají slzy, když slyší byť jen o malých dobrých skutcích. Vyznávají, že Boží slovo je pravda a je sladčí než med z plástve. A tak se radují při poslechu kázání a čtení Bible. Kromě toho se radují z uskutečňování Božího slova. Radostně poslouchají Boží slovo, které nám říká, že máme ‚sloužit, chápat a odpouštět' i těm, kteří nám ztrpčují život.

David miloval Boha a chtěl vystavět Boží chrám. Bůh mu to ale nedovolil. Důvod je zapsán v 1 Paralipomenon 28:3: *„Ty nemůžeš vybudovat dům pro mé jméno, neboť jsi vedl mnoho bojů a prolil jsi mnoho krve.“* Pro Davida bylo nevyhnutelné prolít krev, protože byl v mnoha válkách, přesto v Božích očích nebyl David pokládán za vhodného člověka pro tento úkol.

David sám chrám vystavět nemohl, ale připravil všechen stavební materiál, aby ho mohl vystavět jeho syn Šalomoun. David připravoval materiál ze všech svých sil a jen to ho učinilo ohromně šťastným. *„Lid se radoval z toho, co bylo dobrovolně darováno, že z celého srdce se odevzdávaly dobrovolné dary Hospodinu. Také král David se převelice radoval“* (1 Paralipomenon 29:9).

Podobně se ti, kdo se radují z pravdy, budou radovat, když se bude druhým lidem dobře dařit. Nebudou na ně žárlit. Je pro ně nepředstavitelné, aby mysleli na špatné věci jako ‚něco špatného by se tomu člověku mohlo přihodit,' nebo aby byli spokojeni kvůli neštěstí druhých lidí. Když vidí, že se stane něco špatného, rmoutí je to. Ti, kdo se radují z pravdy, také dokážou milovat s dobrotou, neměnným srdcem, pravdivostí a jednotou. Radují se z dobrých slov a dobrých skutků. Bůh se nad nimi rovněž raduje výkřiky radosti, jak zaznamenává Sofonjáš 3:17: *„Hospodin, tvůj Bůh, je uprostřed tebe, bohatýr, který zachraňuje, raduje se z tebe a* *veselí, láskou umlká a opět nad tebou jásá a plesá."*

I když se nedokážete radovat z pravdy pořád, nemusíte ztrácet srdce nebo být zklamáni. Pokud pro to děláte všechno, Bůh lásky pokládá i toto úsilí za rovné tomu 'radovat se z pravdy'.

Za třetí, radovat se z pravdy znamená věřit Božímu slovu a snažit se ho uskutečňovat.

Je vzácné najít člověka, který se od začátku dokáže radovat jen z pravdy. Potud, pokud v sobě máme tmu a nepravdu, můžeme pomýšlet na špatné věci nebo se také můžeme radovat ze špatnosti. Když se však pozvolna měníme a zavrhujeme celé nepravdivé srdce, můžeme se potom zcela radovat z pravdy. Až do té doby se musíme usilovně snažit.

Například, ne každý se cítí šťastný, když navštěvuje bohoslužby. Co se týká nových věřících nebo těch, kdo mají slabou víru, mohou se cítit unavení nebo jsou srdcem někde jinde. Mohou přemýšlet o výsledcích baseballu nebo jsou nervózní, jak dopadne zítřejší obchodní schůzka.

Ale přijít do církevní budovy a navštívit bohoslužbu je úsilí spočívající v tom snažit se poslechnout Boží slovo. To znamená radovat se z pravdy. Proč se o to tímto způsobem snažíme? Abychom získali spasení a šli do nebe. Protože jsme slyšeli Slovo pravdy a věříme v Boha, rovněž věříme, že existuje soud a že je nebe a peklo. Protože víme, že jsou v nebi různé odměny, snažíme se o to horlivěji stát posvěcenými a věrně sloužit v celém Božím domě. Ačkoliv se nemusíme radovat z pravdy na 100%, pokud děláme, co je v našich silách na naší úrovni víry, znamená to radovat se z pravdy.

Hlad a žízeň po pravdě

Radovat se z pravdy by pro nás mělo být něco přirozeného. Pouze pravda nám dává věčný život a může nás zcela změnit. Pokud slyšíme pravdu, tudíž evangelium, a uskutečňujeme ji, získáme věčný život a staneme se skutečnými Božími dětmi. Protože jsme naplněni nadějí v nebeské království a duchovní láskou, naše tváře budou zářit radostí. Také do té míry, do jaké jsme proměněni v pravdu, budeme šťastní, protože nás Bůh miluje a žehná nám a také nás miluje spousta lidí.

Z pravdy bychom se měli radovat neustále a kromě toho bychom měli mít hlad a žízeň po pravdě. Pokud hladovíte a žízníte, naléhavě budete chtít jídlo a pití. Když toužíme po pravdě, musíme po ní toužit opravdově, abychom se mohli rychle změnit v člověka pravdy. Musíme žít život, kdy vždy jíme a pijeme pravdu. Co znamená jíst a pít pravdu? Znamená to chovat Boží slovo, pravdu samotnou, ve svém srdci a uskutečňovat ho.

Stojíme-li před někým, koho velmi milujeme, je obtížné skrýt štěstí ve své tváři. Když milujeme Boha, je to stejné. Právě teď nemůžeme stát před Bohem tváří v tvář, pokud však opravdově milujeme Boha, projeví se to navenek. To znamená, že když jen uvidíme a uslyšíme něco o pravdě, budeme potěšeni a šťastní. Naše šťastné tváře neprojdou okolo lidí bez povšimnutí. Jen při pomyšlení na Boha a Pána budeme prolévat slzy díků a naším srdcem pohnou i sebemenší skutky dobroty.

Slzy, které patří dobrotě, jako slzy díků a slzy zármutku za jiné duše, se později stanou překrásnými drahokamy, které budou v nebi zdobit dům každého z nás. Pojďme se radovat z pravdy, aby naše životy byly plné důkazů o tom, že nás Bůh velmi miluje.

Vlastnosti duchovní lásky II

6. Nejedná nečestně

7. Nehledá svůj prospěch

8. Nedá se vydráždit

9. Nepočítá křivdy

10. Nemá radost ze špatnosti

11. Vždycky se raduje z pravdy

12. Láska vydrží

Když přijmeme Ježíše Krista a snažíme se žít podle Božího slova, existuje mnoho věcí, které musíme vydržet. Musíme vydržet provokativní situace. Také musíme při naší tendenci následovat své vlastní tužby cvičit sebeovládání. To je důvod, proč se při popisu první vlastnosti lásky říká, že je trpělivá.

Být trpělivý je o vnitřním zápase, který člověk zakouší při tom, jak se snaží zavrhnout nepravdy, které má ve svém srdci. ‚Vydržet' má však poněkud širší význam. Potom, co tříbíme pravdu ve svém srdci skrze trpělivost, musíme vydržet všechnu bolest, která nám při tom může přijít do cesty kvůli jiným lidem. Obzvláště to znamená vydržet všechny věci, které nejsou v souladu s duchovní láskou.

Ježíš přišel na tuto zemi spasit hříšníky, a jak s ním lidé zacházeli? Dělal pouze dobré věci, a přesto se mu lidé vysmívali, opomíjeli ho a znevažovali ho. Nakonec ho ukřižovali. Ježíš však přece toto všechno od všech těch lidí vydržel a neustále za ně Bohu předkládal přímluvné modlitby. Modlil se za ně slovy: „*Otče, odpusť jim, vždyť nevědí, co činí*" (Lukáš 23:34).

Co bylo výsledkem toho, že Ježíš vydržel a miloval lidi? Každý, kdo přijme Ježíše jako svého osobního Spasitele, může nyní získat spasení a stát se Božím dítětem. Byli jsme osvobozeni od smrti a posunuti k věčnému životu.

Korejské přísloví říká: „Rozemel sekeru a uděláš jehlu." To znamená, že s trpělivostí a vytrvalostí můžeme dosáhnout jakéhokoliv obtížného úkolu. Kolik času a úsilí by bylo zapotřebí k rozemletí ocelové sekery, aby se udělala jedna ostrá jehla? Jistě to vypadá jako nemožný úkol, že by si člověk mohl říct: "Proč jen neprodáš sekeru a nekoupíš si za to jehly?" Bůh ale na sebe ochotně vzal takovou dřinu, protože je pánem našeho ducha. Bůh je pomalý k hněvu a vždy má s námi strpení. Prokazuje nám milost a milosrdenství proto, že nás miluje. Pěstuje a oprašuje lidi, i když jsou jejich srdce tvrdá jako ocel. Čeká na každého, aby se stal opravdovým dítětem, ačkoliv se nezdá, že by měl nejmenší šanci se jím stát.

Nalomenou třtinu nedolomí a doutnající knot neuhasí, až dovede právo k vítězství (Matouš 12:20).

I dnes Bůh snáší všechnu bolest pocházející z toho, jak vidí naše lidské skutky, a s radostí na nás čeká. Má s lidmi trpělivost a čeká na to, až se díky dobrotě změní, i když jednají zle po tisíce let. Ačkoliv se otočili k Bohu zády a sloužili modlám, Bůh jim ukázal, že on je ten pravý Bůh a s vírou to s nimi vydržel. Kdyby Bůh řekl: "Jste plní nepravosti a nedá se vám pomoci. Už se vámi nechci dál zabývat," kolik lidí by pak bylo spaseno?

Zrovna jako je zaznamenáno v Jeremjáši 31:3: *"Miloval jsem tě odvěkou láskou, proto jsem ti tak trpělivě prokazoval milosrdenství,"* Bůh nás touto odvěkou, nekonečnou láskou vede.

Při své službě pastora velké církve jsem dokázal do určité míry porozumět této Boží trpělivosti. Setkal jsem se s mnoha lidmi, kteří měli mnoho nepravostí a nedostatků, ale když jsem vnímal Boží srdce, vždy jsem na ně pohlížel očima víry, že se někdy změní a vzdají Bohu slávu. Zatímco jsem s nimi měl znovu a znovu trpělivost a díky víře v ně samotné z mnoha členů církve vyrostli dobří vůdci naší církve. Pokaždé brzy zapomenu na dobu, kdy jsem se to s nimi snažil vydržet a vnímám to jako pouhou chvilku. Ve 2. listu Petrově 3:8 je zaznamenáno: „*Ale tato jedna věc kéž vám nezůstane skryta, milovaní, že jeden den je u Pána jako tisíc let a ‚tisíc let jako jeden den'*" a já dokážu pochopit, co tento verš znamená. Bůh to s námi vydrží velmi dlouhou dobu, a přesto tuto dobu pokládá jen za prchavou chvíli. Uvědomme si tuto Boží lásku a milujme touto láskou každého okolo nás.

13. Láska věří

Pokud někoho milujete, uvěříte všemu ohledně této osoby. I když má druhý člověk nějaké nedostatky, stále se budete snažit mu věřit. Manžel a manželka jsou spolu spojeni láskou. Jestliže nemá manželský pár lásku, znamená to, že si manžel a manželka navzájem nedůvěřují, a tak se kvůli každé věci hádají a mají pochybnosti o všem, co se týká jejich protějšku. Ve vážných případech mají klamnou představu nevěry a způsobují si navzájem fyzickou i duševní bolest. Kdyby opravdu jeden druhého milovali, zcela si navzájem důvěřovali a věřili, že je jejich protějšek dobrý člověk, nakonec by si vedli dobře. Potom by, jak věřili, jejich protějšek vynikl ve svém oboru nebo uspěl v tom, co dělá.

Důvěra a víra mohou být normou, která změří sílu lásky. Proto zcela věřit Bohu znamená ho naplno milovat. Abraham, otec víry, byl nazýván Božím přítelem. Bez nejmenšího zaváhání uposlechl Boží příkaz, který mu říkal, aby ze svého jediného syna Izáka učinil zápalnou oběť. Byl schopný to udělat, protože zcela věřil Bohu. Bůh viděl tuto Abrahamovu víru a opětoval jeho lásku.

Milovat znamená věřit. Ti, kdo zcela milují Boha, mu budou také zcela věřit. Věří všem Božím slovům na 100%. A protože věří, vydrží. Abychom vydrželi všechny věci, které jsou proti lásce, musíme věřit. Tudíž, pouze když věříme všem Božím slovům, můžeme mít naději a obřezat své srdce, abychom zavrhli všechno, co je proti lásce.

Samozřejmě v přísnějším výkladu to není tak, že jsme uvěřili Bohu, protože jsme ho od počátku milovali. Bůh nejprve miloval nás, a protože jsme uvěřili této skutečnosti, začali jsme milovat

Boha. Jak nás Bůh miloval? Bez lítosti dal svého jednorozeného Syna za nás, kteří jsme byli hříšníky, aby otevřel cestu pro naše spasení.

Za prvé, začali jsme milovat Boha, protože jsme uvěřili této skutečnosti, ale pokud zcela tříbíme duchovní lásku, dosáhneme úrovně, kdy věříme zcela, protože milujeme. Zcela tříbit duchovní lásku znamená, že jsme již zavrhli všechny nepravdy v srdci. Pokud nemáme ve svém srdci žádné nepravdy, bude nám dána duchovní víra shůry, díky které můžeme věřit z hloubi svého srdce. Potom nemůžeme nikdy zpochybňovat Boží slovo a naše důvěra v Boha nemůže být nikdy otřesena. Rovněž, pokud zcela tříbíme duchovní lásku, budeme věřit každému. Ne proto, že jsou lidé důvěryhodní, ale třebaže jsou plni nepravostí a mají spoustu nedostatků, díváme se na ně očima víry.

Měli bychom být ochotni věřit jakémukoliv člověku. Musíme také věřit v sebe. I když máme spoustu nedostatků, musíme věřit v Boha, který nás změní, a musíme se na sebe podívat očima víry, že se brzy změníme. Duch svatý nám vždy říká v našem srdci: „Můžeš to zvládnout. Pomůžu ti." Věříte-li této lásce a vyznáváte: „Zvládnu to, můžu se změnit," potom to Bůh uskuteční podle vašeho vyznání a víry. Jak překrásné je věřit!

Bůh v nás také věří. Věřil, že každý z nás pozná Boží lásku a přijde na cestu spasení. Protože se na nás díval očima víry, bez lítosti obětoval svého jediného Syna Ježíše na kříži. Bůh věří, že i ti, kdo ještě Pána neznají nebo v něho nevěří, budou spaseni a budou po boku Boha. Věří, že ti, kdo již přijali Pána, budou změněni v takové děti, které se velmi podobají Bohu. Věřme s touto Boží láskou každému člověku.

14. Láska má naději

Říká se, že na jednom z náhrobních kamenů ve Westminster Abbey v Anglii jsou napsána následující slova: „V mládí jsem chtěl změnit svět, ale nedokázal jsem to. Ve středním věku jsem se pokusil změnit svou rodinu, ale nedokázal jsem to. Až vstříc smrti jsem si uvědomil, že jsem mohl změnit všechny tyhle věci, kdybych se změnil já sám."

Obvykle se lidé snaží změnit druhého člověka, pokud se jim něco na tom člověku nelíbí. Je však téměř nemožné změnit druhé lidi. Některé manželské páry zápasí s takovými triviálními věcmi, jako je vymačkávání zubní pasty z horní části tuby nebo z dolní části tuby. Měli bychom nejprve změnit sebe, než se pokusíme změnit druhé. A potom s láskou k nim můžeme čekat na to, až se změní druzí a opravdově doufat v to, že se změní.

Mít naději znamená toužit a čekat, že se všechno, v co věříte, vyplní. A tak pokud milujeme Boha, budeme věřit každému Božímu slovu a doufat, že se všechno uskuteční podle tohoto Slova. Máte naději v dny, kdy budete navěky sdílet lásku s Bohem Otcem v překrásném nebeském království. To je důvod, proč vydržíte všechny věci, abyste běželi svůj závod víry. Ale co kdyby nebyla naděje?

Ti, kdo nevěří v Boha, nemohou mít naději v nebeské království. To je důvod, proč žijí jen podle svých vlastních tužeb, protože nemají naději v budoucnost. Pokoušejí se získat více věcí a bojují s uspokojením své chtivosti. Avšak bez ohledu na to, kolik toho mají a z kolika věcí se těší, nemohou získat opravdové uspokojení. Žijí své životy se strachem z budoucnosti.

Na druhou stranu ti, kdo věří v Boha, mají naději, a tak se ubírají úzkou cestou. Proč říkáme, že je to úzká cesta? Znamená to, že je úzká z pohledu lidí, kteří nevěří v Boha. Přitom, jak přijmeme Ježíše Krista a staneme se Božími dětmi, pobýváme o nedělích celý den v církvi na bohoslužbě, aniž bychom se zaobírali světskými formami zábavy. Sloužíme Božímu království dobrovolnými skutky a modlíme se, abychom žili podle Božího slova. Takové věci je těžké uskutečňovat bez víry a to je důvod, proč říkáme, že je to úzká cesta.

V 1 Korintským 15:19 apoštol Pavel říká: *„Máme-li naději v Kristu jen pro tento život, jsme nejubožejší ze všech lidí!"* Jen z tělesného pohledu se život spočívající v tom vše vydržet a tvrdě pracovat zdá obtížný. Pokud však máme naději, je tato cesta šťastnější než kterákoliv jiná. Pokud jsme s těmi, které velmi milujeme, budeme šťastní i v rozbitém domě. A pomyšlení na skutečnost, že budeme žít s drahým Pánem navěky v nebi, nás činí velmi šťastnými! Jsme nedočkaví a šťastní jen na to pomyslíme. Takto, s opravdovou láskou, stále čekáme a máme naději, dokud se všechno, v co věříme, nevyplní.

Těšit se na všechno s vírou je mocné. Například řekněme, že jedno z vašich dětí sejde na scestí a vůbec nestuduje. I toto dítě, pokud v něho věříte a říkáte mu, že to zvládne, a díváte se na něho přitom očima naděje v to, že se změní, se může kdykoliv změnit v dobré dítě. Víra rodičů v děti bude stimulovat zlepšení a sebedůvěru dětí. Tyto děti, které mají sebedůvěru, mají víru, se kterou mohou dokázat cokoliv; budou schopné překonávat obtíže a takový postoj ve skutečnosti ovlivňuje jejich akademický výkon.

Stejné je to, když se staráme o duše v církvi. V žádném případě nesmíme přikročit k závěrům o jakémkoliv člověku. Neměli bychom se nechat odradit a myslet si: ‚Zdá se téměř nemožné, aby se tento člověk změnil' nebo: ‚Je pořád stejná.' Musíme se na každého dívat očima naděje v to, že se brzy změní, a nechat své srdce roztát Boží láskou. Musíme setrvat v modlitbách za ně a povzbuzovat je slovy s vírou: „Ty to dokážeš!"

15. Láska vytrvá

1 Korintským 13:7 říká: „*Ať se děje cokoliv, láska vydrží, láska věří, láska má naději, láska vytrvá.*" Pokud milujete, dokážete vytrvat. Co tedy znamená ,vytrvat'? Když vydržíme všechny věci, které nejsou v souladu s láskou, vyplynou z toho nějaké důsledky. Když se na jezeře nebo na moři zvedne vítr, udělají se vlny. I potom, co se vítr utiší, stále zde zbudou nějaké vlnky. I když vydržíme všechny věci, neskončí to tím, že to vydržíme. Vyplynou z toho nějaké důsledky nebo dozvuky.

Například Ježíš řekl v Matoušovi 5:39: „*Já však vám pravím, abyste se zlým nejednali jako on s vámi; ale kdo tě uhodí do pravé tváře, nastav mu i druhou.*" Jak je zde řečeno, i když vás někdo uhodí do pravé tváře, nebudete se bránit, ale jednoduše to snesete. Je potom konec? Bude to mít dozvuky. Budete cítit bolest. Bude vás bolet tvář, ale bolest, kterou budete mít v srdci, bude větší. Samozřejmě, že lidé mají různé důvody, proč v takové situaci zažívají bolest v srdci. Někteří lidé mají bolest v srdci, protože si myslí, že byli vyfackováni bezdůvodně a zlobí se kvůli tomu. Jiní však mohou mít bolest v srdci, protože je jim líto, že druhého člověka nahněvali. Dalším může být líto, když vidí bratra, který nedokáže udržet svůj temperament, ale vyjadřuje ho fyzicky spíše než konstruktivnějším a vhodnějším způsobem.

Důsledky toho, když něco vydržíme, mohou rovněž přijít cestou vnějších okolností. Například vás někdo uhodí do pravé tváře. A tak mu nastavíte podle Slova druhou. Potom vás uhodí i do levé tváře. Řídíte se Slovem a vydržíte to, ale situace se vyhrotí a zdá se, že se ve skutečnosti zhoršila.

To byl také případ Daniela. Neudělal kompromis, i když věděl, že bude vhozen do lví jámy. Protože miloval Boha, nikdy se nepřestal modlit ani v situacích ohrožujících jeho život. Rovněž nejednal zle vůči těm, kdo se ho pokoušeli zabít. A tak, změnilo se pro něho všechno k lepšímu, protože všechno vydržel podle Božího slova? Ne. Byl vhozen do lví jámy! Můžeme si myslet, že všechny zkoušky by měly zmizet, pokud vydržíme věci, které nejsou v souladu s láskou. Jaký je potom důvod pro to, že zkoušky stále přicházejí? Je to Boží prozíravost učinit nás dokonalými a dát nám úžasné požehnání. Pole vydají zdravou a velkou úrodu, když vydrží déšť, vítr a spalující sluneční záři. Boží prozíravost je taková, že skrze zkoušky vyjdeme jako skutečné Boží děti.

Zkoušky jsou požehnáním

Nepřítel ďábel a satan narušuje životy Božích dětí, když se snaží přebývat ve světle. Satan se vždy snaží najít všemožné důvody k tomu, aby lidi obvinil, a pokud ukážou i sebemenší poskvrnu, satan je skutečně obžaluje. Příkladem je, když proti vám někdo jedná zle a vy to navenek vydržíte, ale uvnitř máte stále špatné emoce. Nepřítel ďábel a satan to ví a vznese proti vám za tyto špatné emoce obvinění. Potom musí Bůh podle tohoto nařčení dopustit zkoušky. Dokud nejsme uznáni za ty, kteří nemají zlo v srdci, budou zde vždycky zkoušky zvané ,zkoušky tříbení'. Samozřejmě, že i potom, co zavrhneme všechny hříchy a staneme se zcela posvěcenými, mohou vyvstat zkoušky. Tento druh zkoušek Bůh dopouští, aby nám více požehnal. Díky tomu nezůstaneme pouze na úrovni, kdy nemáme žádné zlo, ale budeme tříbit větší lásku a dokonalejší dobrotu, přičemž budeme absolutně bez jakékoliv poskvrny nebo kazu.

Není to jen pro osobní požehnání; stejný princip platí, když se snažíme dosáhnout Božího království. Aby Bůh projevil veliké skutky, musí být dosaženo míry na stupnici spravedlnosti. Projevením veliké víry a skutků lásky musíme dokázat, že jsme nádobou hodnou získávání odpovědí, aby nepřítel ďábel nemohl nic namítat.

A tak Bůh na nás občas dopouští zkoušky. Jestliže vytrváme pouze s dobrotou a láskou, Bůh nás nechá, abychom mu vzdali ještě větší slávu s větším vítězstvím, a dá nám větší odměny. Obzvláště, pokud překonáte pronásledování a těžkosti, kterých se vám dostalo pro Pána, dostanete se vám zajisté velikého požehnání. *„Blaze vám, když vás budou tupit a pronásledovat a lživě mluvit proti vám všecko zlé kvůli mně. Radujte se a jásejte, protože máte hojnou odměnu v nebesích; stejně pronásledovali i proroky, kteří byli před vámi"* (Matouš 5:11-12).

Vydržet, věřit, mít naději a vytrvat

Pokud věříte a máte naději s láskou, můžete překonat jakoukoliv zkoušku. Jak konkrétně tedy máme věřit, mít naději a vytrvat?

Za prvé, musíme věřit v Boží lásku až do konce, i během zkoušek.

1 Petrův 1:7 říká: *"Aby se pravost vaší víry, mnohem drahocennější než pomíjející zlato, jež přece též bývá zkoušeno ohněm, prokázala k vaší chvále, slávě a cti v den, kdy se zjeví Ježíš Kristus."* On nás tříbí, abychom měli předpoklady se těšit z chvály, slávy a cti, až naše životy na této zemi skončí.

Také, pokud žijeme zcela podle Božího slova bez kompromisů se světem, mohou přijít nějaké události, kdy čelíme nespravedlivému utrpení. Pokaždé musíme věřit, že se nám od Boha dostává zvláštní lásky. Potom spíše než abychom byli znechuceni, budeme vděční, protože nás Bůh vede do lepších příbytků v nebi. Rovněž musíme věřit v Boží lásku a musíme věřit až do konce. Ve zkouškách víry může být obsažena i bolest.

Pokud je bolest krutá a přetrvává po dlouhou dobu, můžeme si myslet: „Proč mi Bůh nepomůže? Už mě nemiluje?" V těchto dobách musíme vzpomínat na Boží lásku jasněji a ve zkouškách vytrvat. Musíme věřit, že Bůh Otec nás chce vést do lepších nebeských příbytků, protože nás miluje. Jestliže vytrváme až do konce, nakonec se staneme dokonalými Božími dětmi. *„A vytrvalost ať je dovršena skutkem, abyste byli dokonalí a neporušení, prosti všech nedostatků"* (Jakubův list 1:4).

Za druhé, abychom vytrvali, musíme věřit, že zkoušky jsou zkratkou k naplnění našich nadějí.

Římanům 5:3-4 říká: *„A nejen to: chlubíme se i utrpením, vždyť víme, že z utrpení roste vytrvalost, z vytrvalosti osvědčenost a z osvědčenosti naděje."* Utrpení zde je jako zkratka k dosažení našich nadějí. Můžete přemýšlet takto: „Ach, kdy se změním?", ale pokud vytrváte a budete se dále znovu a znovu měnit, potom se postupně nakonec stanete opravdovým a dokonalým Božím dítětem, které se podobá Bohu.

Proto, když přijde zkouška, neměli byste se jí vyhýbat, ale snažit se jí projít, jak nejlépe vám to půjde. Samozřejmě je to zákon přirozenosti a přirozená touha člověka vybrat si tu nejsnadnější cestu. Pokud se však snažíme před zkouškami uniknout, naše cesta bude o to delší. Například je tu člověk, který jak se zdá, vám neustále a v každé věci způsobuje problémy. Neprojevíte to otevřeně navenek, ale kdykoliv toho člověka potkáte, cítíte se nepříjemně. A tak se mu chcete nejraději vyhnout. V této situaci byste se neměli pouze snažit situaci ignorovat, ale musíte ji aktivně zvládnout. Musíte vytrvat v těžkostech, které s ním máte, a tříbit srdce, abyste tomu člověku opravdově porozuměli a odpustili mu. Potom vám Bůh dá milost a změníte se. Podobně se každá zkouška stane nášlapným kamenem a zkratkou na vaší cestě k naplnění vašich nadějí.

Za třetí, abychom vytrvali, musíme konat pouze dobro.

Když čelíme dozvukům, tak si i potom, co vytrváme podle Božího slova, obvykle stěžujeme na Boha. Lidé si stěžují slovy: „Proč se situace nemění ani potom, co jednám podle Božího slova?" Všechny zkoušky víry přináší nepřítel ďábel a satan. Tudíž jsou zkoušky bitvy mezi dobrem a zlem.

Abychom dobyli vítězství v této duchovní bitvě, musíme bojovat podle pravidel duchovního světa. Zákonem duchovního světa je, že dobro nakonec zvítězí. Římanům 12:21 říká: *„Nedej se přemoci zlem, ale přemáhej zlo dobrem."* Pokud jednáme v dobrotě tímto způsobem, může se zdát, že čelíme prohře a každou chvíli prohrajeme, ale ve skutečnosti je tomu naopak. To proto, že spravedlivý a dobrý Bůh vládne nad štěstím, neštěstím, životem a smrtí lidstva. Proto, když čelíme zkouškám a pronásledování, musíme jednat pouze v dobrotě.

V některých případech existují věřící, kteří čelí pronásledování od svých nevěřících rodinných příslušníků. V takovém případě si věřící mohou myslet: „Proč je můj manžel tak zlý? Proč je moje manželka tak zlá?" Ale potom se zkouška stává ještě větší a delší. Jaká je v této situaci dobrota? Musíte se s láskou modlit a sloužit jim v Pánu. Musíte se stát světlem, které jasně svítí na vaši rodinu. Pokud jim činíte jen samé dobro, Bůh bude působit v ten nejvhodnější čas. Vyžene nepřítele ďábla a satana a také pohne srdcem vašich rodinných příslušníků. Když jednáte v dobrotě podle Božích pravidel, všechny problémy budou vyřešeny. Nejmocnější zbraní v duchovní bitvě není lidská moc nebo moudrost, ale Boží dobrota. Proto pouze vytrvejme v dobrotě a konání dobrých věcí.

Existuje okolo vás někdo, s kým je podle vás velmi obtížné být a vydržet? Někteří lidé dělají neustále stejné chyby, způsobují škodu druhým a dělají jim potíže. Jiní si hodně stěžují a dokonce jsou rozmrzelí kvůli maličkostem. Pokud však v sobě tříbíte opravdovou lásku, nebude existovat nikdo, s kým byste nedokázali vytrvat. To proto, že budete milovat druhé jako sebe, zrovna jako nám řekl Ježíš, abychom milovali své bližní jako sami sebe (Matouš 22:39).

Bůh Otec nám rovněž rozumí a vytrvá s námi. Dokud v sobě neutříbíte takovou lásku, měli byste žít jako perlorodka. Když uvízne mezi její mušlí a tělem cizí předmět jako písek, chaluha nebo část mušle, perlorodka to změní ve vzácnou perlu! Pokud tříbíme duchovní lásku tímto způsobem, projdeme perlovou bránou do nového Jeruzaléma, kde se nachází Boží trůn. Jen si představte chvíli, kdy projdete perlovou branou, a bude vám připomenuta vaše minulost na této zemi. Měli bychom být schopni Bohu Otci vyznat: „Děkuji ti, že jsi to se mnou vydržel, věřil mi, měl naději a vytrval se mnou," protože on modeluje naše srdce, aby bylo tak překrásné jako perly.

Vlastnosti duchovní lásky III	12. Vydrží
	13. Věří
	14. Má naději
	15. Vytrvá

Dokonalá láska

„*Láska nikdy nezanikne. Proroctví – to pomine;
jazyky – ty ustanou; poznání – to bude překonáno.
Vždyť naše poznání je jen částečné, i naše prorokování je jen částečné;
až přijde plnost, tehdy to, co je částečné, bude překonáno.
Dokud jsem byl dítě, mluvil jsem jako dítě,
smýšlel jsem jako dítě, usuzoval jsem jako dítě;
když jsem se stal mužem, překonal jsem to, co je dětinské.
Nyní vidíme jako v zrcadle, jen v hádance,
potom však uzříme tváří v tvář. Nyní poznávám částečně,
ale potom poznám plně, jako Bůh zná mne.
A tak zůstává víra, naděje, láska – ale největší z té trojice je láska.*"
1 Korintským 13:8-13

Až půjdete do nebe, tak pokud byste si s sebou měli vzít jednu věc, co byste si vzali? Zlato? Diamanty? Peníze? Všechny tyto věci jsou v nebi zbytečné. V nebi jsou ulice, po kterých chodíte, z ryzího zlata. To, co Bůh Otec připravil v nebeských příbytcích, je velmi krásné a vzácné. Bůh rozumí našemu srdci a připravuje pro nás s veškerým svým úsilím ty nejlepší věci. Existuje však jedna věc, kterou si z této země můžeme vzít a která bude mít cenu také v nebi. Je to láska. Je to láska, kterou tříbíme ve svém srdci, zatímco žijeme na tomto světě.

Lásky je v nebi také zapotřebí

Až skončí tříbení člověka a my půjdeme do nebeského království, všechny věci na zemi pominou (Zjevení 21:1). Žalm 103:15 říká: *„Člověk, jehož dny jsou jako tráva, rozkvétá jak polní kvítí."* Zmizí i abstraktní věci jako jsou bohatství, sláva a postavení. Všechny hříchy a tma jako nenávist, hádky, závist a žárlivost zmizí.

Avšak 1 Korintským 13:8-10 říká: *„Láska nikdy nezanikne. Proroctví – to pomine; jazyky – ty ustanou; poznání – to bude překonáno. Vždyť naše poznání je jen částečné, i naše prorokování je jen částečné; až přijde plnost, tehdy to, co je částečné, bude překonáno."*

Boží dary proroctví, jazyků a poznání jsou všechno duchovní věci, tak proč by měly být překonány? Nebe se nachází v duchovním světě a to je dokonalé místo. V nebi poznáme všechno úplně jasně. Ačkoliv komunikujeme přímo s Bohem a prorokujeme, zcela se to liší od pochopení všeho v nebeském království v budoucnosti. Potom budeme jasně rozumět srdci Boha Otce a Pána, a tak proroctví již nebudou nutná.

S jazyky je to stejné. Zde se ‚jazyky' vztahují na různé jazyky. Nyní máme na této zemi mnoho různých jazyků, takže když chceme mluvit s těmi, kteří mluví jinými jazyky, musíme se jejich jazyky naučit. Díky kulturním odlišnostem potřebujeme spoustu času a úsilí, abychom sdíleli svá srdce a myšlenky. Dokonce, i když mluvíme stejným jazykem, nedokážeme zcela porozumět srdci a myšlenkám druhých lidí. Třebaže mluvíme plynule a promyšleně, není snadné vyjádřit své srdce a myšlenky na 100%. Kvůli slovům může dojít k nedorozuměním a hádkám. Ve slovech také existuje mnoho chyb.

Pokud však půjdeme do nebe, nemusíme se o tyto věci starat. V nebi je pouze jeden jazyk. A tak zde není žádná potřeba si dělat starosti s tím, že druhým neporozumíme. Protože dobré srdce se vyjádří tak, jak je, nemohou zde být žádná nedorozumění nebo předsudky.

S poznáním je to stejné. ‚Poznání' se zde vztahuje na poznání Božího slova. Zatímco žijeme na této zemi, horlivě studujeme Boží slovo. Prostřednictvím 66 knih Bible se dozvídáme, jak můžeme být spaseni a získat věčný život. Dozvídáme se o Boží vůli, ale to je jen malá část Boží vůle, která je o tom, co potřebujeme udělat, abychom šli do nebe.

Například posloucháme, dozvídáme se a uskutečňujeme taková nařízení jako: ‚Milujte se navzájem,' ‚Nemějte závist jeden k druhému, nechovejte k sobě žárlivost' a tak dále. V nebi je ale pouze láska, a tak tam nepotřebujeme toto poznání. Ačkoliv jde o duchovní věci, nakonec i proroctví, různé jazyky a veškeré poznání zmizí. To proto, že je jich zapotřebí pouze přechodně na tomto fyzickém světě.

Proto je důležité znát Slovo pravdy a vědět o nebi, ale mnohem důležitější je tříbit lásku. Do té míry, do jaké obřežeme své srdce a tříbíme lásku, můžeme vstoupit do lepšího nebeského příbytku.

Láska je navěky vzácná

Jen si vzpomeňte na dobu své první lásky. Jak moc jste byli šťastní! Když říkáme, že láska je slepá, tak pokud někoho opravdu milujeme, vidíme na této osobě pouze dobré věci a všechno na světě se nám zdá překrásné. Sluneční záře se zdá jasnější než kdykoliv předtím a my můžeme cítit vůni i ve vzduchu. Existují laboratorní zprávy prohlašující, že části mozku, které ovládají negativní a kritické myšlení, jsou u těch, kteří jsou zamilovaní, méně aktivní. Stejně tak, pokud máte srdce naplněné Boží láskou, jste velmi šťastní, i když třeba nejíte. V nebi bude taková radost trvat věčně.

Náš život na této zemi je v porovnání s životem, který budeme mít v nebi, jako život dítěte. Dítě, které se právě začíná učit mluvit, umí říkat jen několik slov jako ,máma' a ,táta'. Nedokáže vyjádřit mnoho věcí konkrétně v detailech. Děti také nedokážou porozumět komplexním věcem světa dospělých. Děti mluví, rozumějí a myslí v rámci svého poznání a schopností jako děti. Nemají správné pojetí o hodnotě peněz, takže pokud jsou jim ukázány mince a bankovka, přirozeně si vyberou mince. To proto, že vědí, že mince mají hodnotu, protože je používaly ke koupi sladkostí nebo nanuků, ale neznají hodnotu bankovek.

Podobá se to našemu chápání nebe, zatímco žijeme na této

zemi. Víme, že nebe je překrásné místo, ale je obtížné vyjádřit, jak překrásným místem skutečně je. V nebeském království nejsou žádná omezení, takže jeho nádhera se dá vyjádřit do nejvyšší míry. Až se dostaneme do nebe, budeme také moci porozumět neomezenému a záhadnému duchovnímu světu, a principům, podle kterých všechno funguje. Toto je zaznamenáno v 1 Korintským 13:11: *„Dokud jsem byl dítě, mluvil jsem jako dítě, smýšlel jsem jako dítě, usuzoval jsem jako dítě; když jsem se stal mužem, překonal jsem to, co je dětinské."*

V nebeském království není žádná tma nebo starosti nebo úzkost. Existuje pouze dobrota a láska. Takže můžeme jeden druhému vyjádřit svou lásku a jeden druhému sloužit tolik, kolik chceme. Tímto způsobem se fyzický svět a duchovní svět zcela liší. Samozřejmě, že i na této zemi je veliký rozdíl v chápání a myšlení lidí podle míry víry každého z nich.

Ve 2. kapitole Janova evangelia se každá úroveň víry připodobňuje k víře kojenců, dětí, mládenců a otců. Co se týče těch, kteří jsou na úrovni víry kojenců nebo dětí, jsou v duchu jako děti. Nedokážou skutečně pochopit hluboké duchovní věci. Mají málo síly k uskutečňování Slova. Ale když se stanou mládenci a otci, jejich slova, myšlení a skutky se změní. Získají více schopností uskutečňovat Boží slovo a dokážou vyhrát bitvu proti moci tmy. Ačkoliv však na této zemi dosahujeme víry otců, dá se říct, že jsme stále jako děti ve srovnání s dobou, kdy vstoupíme do nebeského království.

Budeme cítit dokonalou lásku

Dětství je dobou přípravy na to stát se dospělým a podobně život na této zemi je přípravou na věčný život. Tento svět je v porovnání s věčným nebeským královstvím jako stín a rychle pomíjí. Stín není skutečná bytost. Jinými slovy, není reálný. Je to jen vyobrazení, které se podobá skutečné bytosti.

Král David dobrořečil Hospodinu před zraky celého shromáždění a řekl: *„My jsme před tebou jen hosté a příchozí jako všichni naši otcové. Naše dny na zemi jsou jako stín a naděje není"* (1 Paralipomenon 29:15).

Když se podíváme na stín něčeho, můžeme z něho poznat celkový obrys tohoto předmětu. Tento fyzický svět je rovněž jako stín, který nám poskytuje strohou představu o věčném světě. Když stín, kterým je život na této zemi, zmizí, jasně se zjeví skutečná entita. Právě nyní víme o duchovním světě pouze mlhavě a nejasně, jako bychom se dívali do zrcadla. Ale když vejdeme do nebeského království, porozumíme tak jasně, jako když se díváme tváří v tvář.

V 1 Korintským 13:12 čteme: *„Nyní vidíme jako v zrcadle, jen v hádance, potom však uzříme tváří v tvář. Nyní poznávám částečně, ale potom poznám plně, jako Bůh zná mne."* Když psal apoštol Pavel tuto kapitolu o lásce, bylo to asi před 2 000 lety. Zrcadla v té době nebyla tak průzračná, jako jsou dnešní zrcadla. Nebyla vyrobena ze skla. Vybrousilo se stříbro, bronz nebo ocel a vyleštil kov, aby odrážel světlo. To je důvod, proč bylo zrcadlo nejasné. Samozřejmě, že někteří lidé vidí a vnímají nebeské království jasněji svým otevřeným duchovním zrakem. Přesto můžeme vnímat krásu a štěstí nebe jen nejasně.

Když později vejdeme do věčného nebeského království, jasně uvidíme každý detail království a budeme ho i přímo vnímat. Dozvíme se o velikosti, moci a kráse Boha, které přesahují všechna naše slova.

Mezi vírou, nadějí a láskou je největší láska

Víra a naděje jsou velmi důležité pro to, aby rostla naše víra. Být spaseni a jít do nebe můžeme pouze tehdy, když máme víru. Božími dětmi se můžeme stát pouze vírou. Protože můžeme získat spasení, věčný život a nebeské království pouze vírou, víra je velmi vzácná. Víra je poklad všech pokladů; víra je klíčem k získání odpovědí na naše modlitby.

A co naděje? Naděje je rovněž vzácná; díky naději se zmocňujeme lepších příbytků v nebi. A tak, pokud máme víru, budeme mít přirozeně naději. Jestliže s jistotou věříme v Boha a nebe a peklo, budeme mít naději v nebe. Rovněž, pokud máme naději, snažíme se stát posvěcenými a věrně sloužit Božímu království. Víra a naděje jsou nutností, dokud nedosáhneme nebeského království. 1 Korintským 13:12 však říká, že láska je největší. Proč?

Za prvé, víra a naděje jsou to, co potřebujeme pouze během svého života na této zemi a pouze duchovní láska přetrvá v nebeském království.

V nebi nemusíme věřit ničemu, aniž bychom to viděli ani nemusíme mít v nic naději, protože všechno bude tam před našima očima. Dejme tomu, že máte někoho, koho velmi milujete a týden jste ho neviděli nebo co víc, neviděli jste ho deset let. Když ho za deset let znovu potkáte, budou vaše emoce hlubší a větší. A když se s tím, koho jste deset let postrádali, setkáte, bude zde někdo, kdo ho bude stále postrádat? Stejné je to s naším křesťanským životem. Jestliže máme opravdovou víru a milujeme Boha, budeme mít rostoucí naději s tím, jak jde čas a jak naše víra roste. Budeme postrádat Pána s ubíhajícími dny stoupající měrou stále vroucněji. Ti, kdo mají takovou naději v nebe, neřeknou, že je život těžký, ačkoliv jdou na této zemi úzkou cestou a nenechají se ovládnout žádným pokušením. A když dosáhneme svého konečného místa určení, nebeského království, nebudeme už potřebovat víru a naději. Láska však v nebi navěky přetrvává a to je důvod, proč Bible říká, že láska je největší.

Za druhé, nebe můžeme získat vírou, ale bez lásky se nemůžeme dostat do nejkrásnějšího příbytku, nového Jeruzaléma.

Zmocnit se násilím nebeského království můžeme do té míry, do jaké jednáme s vírou a nadějí. A do té míry, do jaké žijeme podle Božího slova, zavrhujeme hříchy a tříbíme krásné srdce, nám bude dána duchovní víra a podle míry této duchovní víry obdržíme různé nebeské příbytky: ráj, první nebeské království, druhé nebeské království, třetí nebeské království a nový Jeruzalém.

Ráj je pro ty, kdo mají tím, že přijali Ježíše Krista, dostatečnou víru na to, aby byli spaseni. To znamená, že neučinili nic pro Boží království. První nebeské království je pro ty, kteří se potom, co přijali Ježíše Krista, snažili žít podle Božího slova. Je mnohem krásnější než ráj. Druhé nebeské království je pro ty, kdo se svou láskou k Bohu žili podle Božího slova a byli věrní Božímu království. Třetí nebeské království je pro ty, kteří milují Boha do nejvyšší míry a zavrhli všechny formy zla, aby se stali posvěcenými. Nový Jeruzalém je pro ty, kteří mají víru, která se líbí Bohu, a byli věrní v celém Božím domě.

Nový Jeruzalém je nebeský příbytek, který bude dán těm Božím dětem, které vírou tříbily dokonalou lásku. Je to krystal lásky. Ve skutečnosti nemá nikdo mimo Ježíše Krista, jednorozeného Božího Syna, předpoklady ke vstupu do nového Jeruzaléma. Avšak my existující bytosti máme rovněž předpoklady tam vstoupit, pokud jsme ospravedlněni vzácnou krví Ježíše Krista a získáme dokonalou víru.

Abychom se podobali Pánu a přebývali v novém Jeruzalémě, musíme následovat cestu, po které šel Pán. Tou cestou je láska. Pouze s touto láskou můžeme nést devět druhů ovoce Ducha svatého a blahoslavenství, abychom byli hodni toho být skutečnými Božími dětmi, které mají vlastnosti Pána. Jakmile získáme tyto předpoklady jako skutečné Boží děti, dostaneme cokoliv, oč na této zemi požádáme a budeme mít privilegium chodit s Pánem navěky v nebi. Proto můžeme jít do nebe, když máme víru a můžeme zavrhnout hříchy, když máme naději. Z tohoto důvodu jsou víra a naděje zcela jistě nezbytné, ale láska je největší, protože do nového Jeruzaléma můžeme vstoupit pouze tehdy, když máme lásku.

Láska je naplněním zákona

„Nikomu nebuďte nic dlužni, než abyste se navzájem milovali, neboť ten, kdo miluje druhého, naplnil zákon.

Vždyť přikázání ‚nezcizoložíš, nezabiješ, nepokradeš, nepožádáš' a kterákoli jiná jsou shrnuta v tomto slovu: ‚Milovati budeš bližního svého jako sebe samého.'

Láska neudělá bližnímu nic zlého.

Je tedy láska naplněním zákona."

Římanům 13:8-10

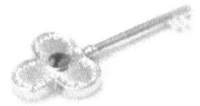

Část 3
Láska je naplněním zákona

Kapitola 1 : **Láska Boha**

Kapitola 2 : **Láska Krista**

KAPITOLA 1

Láska Boha

Láska Boha

„Také my jsme poznali lásku, kterou Bůh má k nám, a věříme v ni. Bůh je láska, a kdo zůstává v lásce, v Bohu zůstává a Bůh v něm.".

1 Janův 4:16

Zatímco pracoval s Kečuji, začal se Elliot připravovat na spojení se známým násilnickým indiánským kmenem Huaoranů. On a čtyři další misionáři, Ed McCully, Roger Youderian, Peter Fleming a jejich pilot Nate Saint, se pokusili o kontakt s Huaorany ze svého letadla, přičemž použili tlampač a koš, aby jim předali své dary. Po několika měsících se muži rozhodli vystavět základnu kousek od indiánského kmene, podél řeky Curaray. Zde s nimi několikrát navázaly kontakt malé skupinky Huaoranů a jednoho zvědavého Huaorana, kterého nazývali „George" (jeho skutečné jméno bylo Naenkiwi), dokonce svezli letadlem. Povzbuzeni těmito přátelskými setkáními začali plánovat jejich návštěvu, ale jejich plány byly násilně přerušeny příjezdem větší skupiny Huaoranů, která zabila Elliota a jeho čtyři druhy 8. ledna 1956. Elliotovo zohavené tělo bylo nalezeno po proudu řeky společně s těly ostatních mužů s výjimkou těla Eda McCullyho.

Elliot a jeho přátelé se okamžitě stali známými po celém světě jako mučedníci a časopis Life vydal o jejich misii a smrti desetistránkový článek. Je jim rovněž připisováno rozdmýchání zájmu o křesťanskou misii mezi mládeží v jejich době a jsou stále pokládáni za povzbuzení křesťanských misionářů pracujících po celém světě. Po smrti svého muže začala Elisabeth Elliotová a ostatní misionáři sloužit mezi Indiány Auca, kde za sebou zanechali hluboký vliv a získali mnoho duší pro Pána. Tyto duše byly získány právě Boží láskou.

Nikomu nebuďte nic dlužni, než abyste se navzájem milovali, neboť ten, kdo miluje druhého, naplnil zákon. Vždyť přikázání ‚nezcizoložíš, nezabiješ, nepokradeš, nepožádáš' a kterákoli jiná jsou shrnuta v tomto slovu:

*‚Milovati budeš bližního svého jako sebe samého.'
Láska neudělá bližnímu nic zlého. Je tedy láska
naplněním zákona* (Římanům 13:8-10).

Nejvyšší úrovní lásky mezi všemi formami lásky je Boží láska k nám. Stvoření všech věcí a lidských bytostí pramení právě z Boží lásky.

Bůh stvořil všechny věci a lidské bytosti z lásky

Na počátku Bůh přechovával rozlehlý prostor vesmíru v sobě. Tento vesmír je odlišný od vesmíru, který známe nyní. Je to prostor, který nemá žádný počátek ani konec ani žádné hranice. Všechny věci se konají podle Boží vůle a podle toho, co Bůh chová ve svém srdci. Pokud tedy může Bůh dělat a mít cokoliv se mu zachce, proč stvořil lidské bytosti?

Chtěl skutečné děti, se kterými by mohl sdílet krásu svého světa, ze které se těšil. Chtěl sdílet prostor, kde je všechno učiněno, jak si přál. S lidskou myslí je to podobné. S těmi, které milujeme, bychom chtěli otevřeně sdílet dobré věci. S touto nadějí Bůh naplánoval tříbení člověka, aby získal skutečné děti.

Jako první krok rozdělil jeden vesmír na fyzický svět a duchovní svět a stvořil nebeské zástupy a anděly, ostatní duchovní bytosti a všechny ostatní nezbytné věci v duchovním světě. Vytvořil si prostor pro sebe, aby měl kde přebývat, stejně jako nebeské království, kde by přebývaly jeho skutečné děti, a prostor pro lidské bytosti, ve kterém projdou tříbením člověka. Potom, co uplynula velmi dlouhá doba, stvořil Zemi ve fyzickém světě spolu se sluncem, měsícem a hvězdami a přirozené prostředí, všechno bylo potřeba, aby lidé mohli žít.

Okolo Boha existuje bezpočet duchovních bytostí, jako jsou andělé, ale ti jsou bezpodmínečně poslušní, něco jako roboti. Nejsou to bytosti, se kterými by mohl Bůh sdílet svou lásku. Z tohoto důvodu Bůh stvořil člověka ke svému obrazu, aby získal skutečné děti, se kterými by mohl sdílet svou lásku. Kdyby bylo možné mít roboty s pěknými tvářičkami, kteří by jednali přesně podle toho, co chcete vy, mohli by nahradit vaše vlastní děti? Ačkoliv vás vaše děti čas od času neposlouchají, přece budou o hodně roztomilejší než tito roboti, protože dokážou vnímat vaši lásku a vyjádřit svou lásku k vám. S Bohem je to stejné. Chtěl skutečné děti, se kterými by mohl sdílet své srdce. S touto láskou Bůh stvořil první lidskou bytost, Adama.

Potom, co Bůh stvořil Adama, učinil zahradu na místě zvaném Eden na východě a dal ho tam. Zahrada Eden byla z Božího ohledu určena pro Adama. Je to tajemně překrásné místo, kde květiny a stromy velmi dobře rostou a okolo se procházejí roztomilá zvířata. Všude je hojnost ovoce. Vane tu větřík, který je měkký jako hedvábí a tráva vytváří šepotavé zvuky. Voda se třpytí jako vzácné drahokamy s odrazy světel. I s tou nejlepší lidskou představivostí nedokáže nikdo naplno vyjádřit nádheru toho místa.

Bůh dal Adamovi také pomocníka, jehož jméno bylo Eva. Ne proto, že se Adam sám cítil osamělý. Bůh dopředu rozuměl Adamovu srdci, protože byl po tak dlouhou dobu sám. V těch nejlepších životních podmínkách, které jim Bůh vytvořil, chodili Adam a Eva s Bohem a po velmi dlouhou dobu si užívali výsostného postavení jako pánové všeho stvoření.

Bůh tříbí lidské bytosti, aby z nich učinil své skutečné děti

Adam a Eva však něco postrádali, aby se stali skutečnými Božími dětmi. Třebaže jim Bůh projevil naplno svou lásku, nedokázali vnímat Boží lásku opravdově. Těšili se ze všeho, co jim Bůh dal, ale nebylo nic, co by si zasloužili nebo získali svým vlastním úsilím. Tudíž nerozuměli tomu, jak vzácná Boží láska je a nevážili si toho, co jim bylo dáno. Kromě toho, nikdy nezakusili smrt nebo smutek a neznali hodnotu života. Nikdy nezažili nenávist, takže nechápali opravdovou hodnotu lásky. Ačkoliv o ní slyšeli a věděli ve formě znalosti, nedokázali cítit opravdovou lásku ve svém srdci, protože nikdy neměli přímou zkušenost.

Důvod, proč Adam a Eva pojedli ze stromu poznání dobrého a zlého, leží zde. Bůh řekl: „*V den, kdy bys z něho pojedl, propadneš smrti,*" avšak oni neznali plný význam smrti (Genesis 2:17). Věděl Bůh, že budou jíst ze stromu poznání dobrého a zlého? Věděl. Opravdu věděl, ale přece dal Adamovi a Evě svobodnou vůli učinit rozhodnutí, zda ho poslechnou. Zde leží prozíravost pro tříbení člověka.

Prostřednictvím tříbení člověka Bůh chtěl, aby celé lidstvo zakusilo slzy, žal, bolest, smrt atd., takže když se později dostanou lidé do nebe, skutečně pocítí, jak hodnotné a vzácné nebeské věci jsou a budou se moci těšit z opravdového štěstí. Bůh s nimi chtěl sdílet svou lásku navěky v nebi, které je, mimo jakékoliv srovnání, mnohem krásnější než zahrada Eden.

Potom, co Adam a Eva neuposlechli Boží slovo, nemohli již déle žít v zahradě Eden. A protože Adam rovněž ztratil postavení pána všeho stvoření, všechna zvířata a rostliny byly také proklety. Země měla kdysi hojnost a krásu, ale to bylo také prokleto. Nyní nesla jen trní a hloží a člověk nemohl nic sklidit bez dřiny a v potu své tváře.

Ačkoliv Adam a Eva neuposlechli Boha, přece jim udělal kožené suknice a přioděl je, protože měli žít ve zcela odlišném životním prostředí (Genesis 3:21). Boží srdce muselo hořet jako srdce rodičů, kteří musejí poslat své děti na nějaký čas pryč, aby se připravily na svou budoucnost. Navzdory této Boží lásce se brzy potom, co začalo tříbení člověka, se lidé poskvrnili hříchy a velmi rychle se od Boha vzdálili.

Římanům 1:21-23 říká: *„Poznali Boha, ale nevzdali mu čest jako Bohu ani mu nebyli vděčni, nýbrž jejich myšlení je zavedlo do marnosti a jejich scestná mysl se ocitla ve tmě. Tvrdí, že jsou moudří, ale upadli v bláznovství: zaměnili slávu nepomíjitelného Boha za zobrazení podoby pomíjitelného člověka, ano i ptáků a čtvernožců a plazů."*

Kvůli tomuto hříšnému lidstvu Bůh projevil svou prozíravost a lásku skrze vyvolený lid, Izrael. Na jednu stranu, když žili podle Božího slova, konal úžasná znamení a zázraky a dával jim veliké požehnání. Na druhou stranu, když se odchýlili od Boha, uctívali modly a dopouštěli se hříchů, Bůh poslal mnoho proroků, aby doručili jeho lásku.

Jedním z těchto proroků byl Ozeáš, který byl aktivní v temné éře potom, co se Izrael rozdělil na severní Izrael a jižní Judu.

Jednoho dne dal Hospodin Ozeášovi zvláštní příkaz: *„Jdi, vezmi si nevěstku a ze smilstva měj děti. Země jen smilní a smilní, odvrací se od Hospodina"* (Ozeáš 1:2). Pro Božího proroka bylo nepředstavitelné se oženit s nevěstkou. Ačkoliv plně nechápal Boží záměr, poslechl Ozeáš jeho slova a vzal si ženu jménem Gomera za svou manželku.

Narodily se jim tři děti, ale Gomera následovala svou žádostivost a vešla k jinému muži. Bůh však řekl Ozeáši, aby svou ženu miloval (Ozeáš 3:1). Ozeáš ji hledal a koupil ji pro sebe za patnáct šekelů stříbra a za půldruhého chómeru ječmene.

Láska, kterou dal Ozeáš Gomeře, symbolizuje lásku, kterou dal Bůh nám. A Gomera, nevěstka, symbolizuje veškeré lidstvo, které je potřísněno hříchy. Zrovna jako si Ozeáš vzal za ženu nevěstku, Bůh nejprve miloval nás, kteří jsme byli na tomto světě potřísněni hříchy.

Projevil nám svou nekonečnou lásku a doufal, že se každý odvrátí od své cesty smrti a stane se jeho dítětem. Třebaže se lidé spřátelili se světem a na chvíli se vzdálili od Boha, neřekl: „Opustili jste mě a já vás již nemohu vzít zpátky." Jen chce, aby se k němu každý vrátil, a dělá to s vroucnějším srdcem než rodiče, kteří čekají, až se jim vrátí jejich děti, které utekly z domu.

Bůh připravil Ježíše Krista už od věčnosti

Podobenství o marnotratném synovi v 15. kapitole Lukáše nám jednoznačně ukazuje srdce Boha Otce. Druhý syn, který se těšil ze zámožného života, nechoval jako dítě ve svém srdci vděčnost vůči svému otci, ani nerozuměl ceně takového života, který žil. Jednoho dne požádal svého otce předem o své dědictví. Byl typicky zhýčkaným dítětem, které žádalo dědictví, zatímco jeho otec stále žil.

Otec nedokázal svého syna zastavit, protože jeho syn vůbec nerozuměl rodičovskému srdci a nakonec dal svému synovi peníze, které by později zdědil. Syn byl šťastný a vydal se na cestu. Od této chvíle začala otcova bolest. Dělal si starosti až k smrti jako: „Co když se mu něco stane? Co když narazí na nějaké zlé lidi?" Otec nedokázal samými starostmi ani pořádně spát a sledoval obzor v naději, že se jeho syn vrátí zpět. Synovi brzy došly peníze a lidé s ním začali špatně zacházet. Nacházel se v tak strašné situaci, že chtěl utišit svůj hlad slupkami, které žrali vepři, ale ani těch se mu nedostalo. Nyní se rozpomněl na dům svého otce. Vrátil se domů, ale bylo mu to všechno tak líto, že nedokázal ani pozvednout svou hlavu. Otec však k němu běžel a políbil ho. Z ničeho ho neobviňoval, ale spíše byl natolik šťastný, že mu nechal obléct nejlepší oděv a dal zabít vykrmené tele, aby uspořádal hostinu. Toto je Boží láska.

Boží láska není určena pouze výjimečným lidem ve výjimečném čase. 1 Timoteovi 2:3-4 říká: *„To je dobré a vítané u našeho Spasitele Boha, který chce, aby všichni lidé došli spásy a poznali pravdu."* Bůh nechává bránu spasení otevřenou po celou dobu a kdykoliv se k Bohu navrátí nějaká duše, uvítá ji s velikou radostí a štěstím.

S touto láskou Boha, který nás neopustí až do samého konce, byla cesta otevřená pro každého, aby získal spasení. To je důvod, proč Bůh připravil svého jediného Syna Ježíše Krista. Jak je napsáno v Židům 9:22: *„Podle zákona se skoro vše očišťuje krví, a bez vylití krve není odpuštění,"* Ježíš zaplatil cenu za hříchy, kterou měli zaplatit hříšníci, svou vzácnou krví a svým vlastním životem.

1 Janův 4:9 mluví o Boží lásce takto: „*V tom se ukázala Boží láska k nám, že Bůh poslal na svět svého jediného Syna, abychom skrze něho měli život.*" Bůh nechal Ježíše prolít jeho vzácnou krev, aby vykoupil lidstvo ze všech jeho hříchů. Ježíš byl ukřižován, ale překonal smrt a byl třetího dne vzkříšen, protože byl bez hříchu. Tímto byla otevřena cesta k našemu spasení. Dát nám svého jednorozeného Syna není tak snadné, jak se zdá. Jedno korejské rčení říká: „Rodiče nevnímají žádnou bolest, i když jim ji jejich děti fyzicky zapíšou do očí." Mnoho rodičů vnímá, že životy jejich dětí jsou důležitější než jejich vlastní.

Proto, co se týče Boha, dát svého jednorozeného Syna Ježíše poukazuje na nejvyšší lásku. Kromě toho Bůh připravil nebeské království pro ty, které získá zpět skrze krev Ježíše Krista. Jak úžasná je jeho láska! A přesto zde Boží láska nekončí.

Bůh nám dal Ducha svatého, aby nás dovedl do nebe

Bůh dává Ducha svatého jako dar těm, kdo přijmou Ježíše Krista a získají odpuštění hříchů. Duch svatý je Boží srdce. Od chvíle nanebevstoupení Pána poslal Bůh do našich srdcí pomocníka, Ducha svatého.

V Římanům 8:26-27 čteme: „*Tak také Duch přichází na pomoc naší slabosti. Vždyť ani nevíme, jak a za co se modlit, ale sám Duch se za nás přimlouvá nevyslovitelným lkáním. Ten, který zkoumá srdce, ví, co je úmyslem Ducha; neboť Duch se přimlouvá za svaté podle Boží vůle.*"

Když hřešíme, Duch svatý nás vede k pokání skrze

nevyslovitelné lkání. Těm, kdo mají slabou víru, dává víru; těm, kdo nemají naději, dává naději. Zrovna jako matky jemně utěšují své děti a pečují o ně, on nám dává svůj hlas, abychom nebyli žádným způsobem zraněni nebo nám nebylo ublíženo. Tímto způsobem nám dává vědět o srdci Boha, který nás miluje, a vede nás do nebeského království.

Pokud této lásce do hloubky porozumíme, nemůžeme si pomoci než Boha milovat. Pokud Boha svým srdcem milujeme, oplácí nám velikou a úžasnou láskou, která nás zaplavuje. Dává nám zdraví a žehná nám, aby se nám ve všem dobře dařilo. Dělá to, protože je to zákon duchovního světa, ale ještě naléhavější je, že chce, abychom cítili jeho lásku prostřednictvím požehnání, které od něho získáváme. *„Já miluji ty, kdo milují mne, a kdo mě za úsvitu hledají, naleznou mne"* (Přísloví 8:17).

Co jste cítili, když jste se poprvé setkali s Bohem a dostalo se vám uzdravení nebo vyřešení různých problémů? Museli jste cítit, že Bůh miluje i takového hříšníka jako jste vy. Věřím, že jste museli ze srdce vyznat: „Kdybych měl inkoustem naplnit oceán a z oblohy učinit pergamen, abych tam napsal o lásce Boha, oceán by vyschl." Rovněž věřím, že jste byli zaplaveni láskou Boha, který vám dal věčné nebe, kde nejsou žádné starosti, žádný žal, žádné nemoci, žádné odloučení a žádná smrt.

My jsme Boha nemilovali jako první. Bůh nejprve přišel k nám a natáhl k nám ruce. Nemiloval nás, protože jsme si zasloužili být milováni. Bůh nás tak velmi miloval, že dal svého jednorozeného Syna za nás, kteří jsme byli hříšníci a předurčeni zemřít. Miloval všechny lidi a pečuje o všechny z nás s větší láskou, než je láska jakékoliv matky, která nedokáže zapomenout na své kojené dítě

(Izajáš 49:15). Čeká na nás, jako by tisíc let byl jeden den. Boží láska je pravá láska, která se ani s postupem času nezmění. Až se později dostaneme do nebe, spadne nám čelist, když uvidíme nádherné koruny, zářivě čistý kment a nebeské domy vystavěné ze zlata a drahých kamenů, které pro nás Bůh připravil. Dává nám odměny a dary i během našeho pozemského života zde a dychtivě čeká na den, kdy bude s námi ve své věčné slávě. Zakusme jeho velikou lásku.

KAPITOLA 2 — *Láska Krista*

Láska Krista

„*A žijte v lásce, tak jako Kristus miloval nás a sám sebe dal za nás jako dar a oběť, jejíž vůně je Bohu milá.*"
Efezským 5:2

Láska má velikou moc učinit z nemožného možné. Obzvláště láska Boha a láska Pána jsou skutečně úžasné. Tato láska může změnit nezpůsobilé lidi, kteří nejsou schopni udělat nic efektivního, ve způsobilé lidi, kteří dokážou cokoliv. Když se nevzdělaní rybáři, celníci – kteří v té době byli pokládáni za hříšníky – chudí, vdovy a světem opomíjení lidé setkali s Pánem, jejich životy se zcela změnily. Jejich chudoba a nemoc byly vyřešeny a oni pocítili skutečnou lásku, kterou nikdy předtím nezakusili. Sami se pokládali za bezcenné, ale znovu se narodili jako slavné Boží nástroje. To je síla lásky.

Ježíš opustil všechnu nebeskou slávu, aby přišel na tuto zemi

Na počátku byl Bůh Slovem a to Slovo sestoupilo dolů na tuto zemi v lidském těle. To je Ježíš, jednorozený Boží Syn. Ježíš přišel na tuto zemi, aby spasil lidstvo svázané hříchem, které šlo cestou smrti. Jméno ‚Ježíš' znamená ‚On vysvobodí svůj lid z jeho hříchů' (Matouš 1:21).

Se všemi těmito lidmi poskvrněnými hříchem je to jako se zvířaty (Kazatel 3:18). Ježíš se narodil ve zvířecím chlévě, aby vykoupil lidi, kteří opustili, co bylo jejich povinností a nebyli lepší než zvířata. Byl položen do jeslí určených ke krmení zvířat, aby se stal skutečným pokrmem pro tyto lidi (Jan 6:51). Bylo to proto, aby lidé obnovili ztracený Boží obraz a aby mohli konat veškerou svou povinnost.

Rovněž Matouš 8:20 říká: *„Lišky mají doupata a ptáci hnízda, ale Syn člověka nemá, kde by hlavu složil."* Jak je zde řečeno, Ježíš neměl místo ke spaní a musel v noci pobývat na poli, kde procházel chladem a deštěm. Chodil bez jídla a byl mnohokrát hladový. Nebylo to proto, že by byl neschopný. Dělal to, aby nás vykoupil z chudoby. 2 Korintským 8:9 říká: *„Znáte přece štědrost našeho Pána Ježíše Krista: byl bohatý, ale pro vás se stal chudým, abyste vy jeho chudobou zbohatli."*

Ježíš začal svou veřejnou službu znamením, kdy učinil víno z vody na svatební hostině v Káně Galilejské. Zvěstoval Boží království a vykonal mnoho znamení a zázraků v oblasti Judy a Galileje. Bylo uzdraveno mnoho malomocných, chromí začali chodit a skákat a ti, kdo trpěli posedlostí démonem, byli osvobozeni od moci tmy. Dokonce i člověk, který byl mrtvý již čtyři dny a zapáchal, vyšel z hrobu živý (11. kapitola Janova evangelia).

Ježíš během své služby na této zemi projevoval takové úžasné věci, aby si lidé uvědomili Boží lásku. Kromě toho, zatímco byl původem jedno s Bohem a Slovem samotným, zcela dodržoval Zákon, aby nám dal dokonalý příklad. Rovněž přesto, že dodržoval celý Zákon, neodsoudil ty, kteří porušovali Zákon a měli být zabiti. Pouze lidi vyučoval pravdě, aby ještě další duše činila pokání a získala spasení.

Kdyby Ježíš měřil každého přísně podle Zákona, nikdo by nemohl získat spasení. Zákon jsou Boží přikázání, která nám říkají, že máme určité věci dělat, nedělat, zavrhovat a dodržovat. Například jsou tu nařízení jako ,dodržujte Hospodinův den odpočinku jako svatý; nebudete dychtit po domě svého bližního; ctěte svého otce i matku svou; zavrhujte všechny podoby zla'. Nejvyšší cíl všech zákonů je láska. Pokud dodržujete všechna nařízení a zákony, můžete uskutečňovat lásku, alespoň navenek.

To, co po nás ale chce Bůh, není jen dodržovat Zákon našimi skutky. Chce, abychom uskutečňovali zákon láskou plynoucí z našeho srdce. Ježíš znal toto Boží srdce velmi dobře a naplnil Zákon láskou. Jeden z nejlepších příkladů je případ ženy, která byla chycena při samotném skutku cizoložství (Jan 8). Jednoho dne zákoníci a farizeové přivedli ženu, která byla chycena při cizoložství, postavili ji vprostřed lidí a zeptali se Ježíše: *„ V zákoně nám Mojžíš přikázal takové kamenovat. Co říkáš ty?"* (Jan 8:5)

Řekli to, aby mohli najít podklad, na základě kterého by vznesli proti Ježíšovi obvinění. Co si myslíte, že žena v té chvíli cítila? Musela se velmi stydět, že její hřích byl odhalen přede všemi a musela se klepat strachy, protože měla být ukamenována k smrti. Kdyby Ježíš řekl: „Ukamenujte ji," její život by se blížil ke konci ukamenováním mnoha kusy vržených kamenů.

Ježíš jim nicméně neřekl, aby ji potrestali podle Zákona. Namísto toho se sklonil a začal psát něco prstem po zemi. Byly to názvy hříchů, kterých se společně dopustili lidé tam shromáždění. Potom, co sepsal jejich hříchy, zvedl se a řekl: *„Kdo z vás je bez hříchu, první hoď na ni kamenem!"* (v. 7) Potom se znovu sklonil a začal něco psát.

Tentokrát napsal na zem hříchy každého člověka, jako by je viděl, tedy kdy, kde a jak se každý z nich svých hříchů dopustil. Ti, kdo měli výčitky svědomí, se z místa jeden po druhém vytráceli. Nakonec zde zbyl jen Ježíš a ta žena. Následující verše 10 a 11 říkají: *„Ježíš se zvedl a řekl jí: ‚Ženo, kde jsou ti, kdo na tebe žalovali? Nikdo tě neodsoudil?' Ona řekla: ‚Nikdo, Pane.' Ježíš jí řekl: ‚Ani já tě neodsuzuji. Jdi a už nehřeš!'"*

Nevěděla snad žena, že trestem za cizoložství je smrt ukamenováním? Samozřejmě, že věděla. Znala Zákon, ale dopustila se hříchu, protože nedokázala ovládnout svou žádostivost. Jen čekala na popravu, protože její hřích byl odhalen, a protože nečekaně zakusila Ježíšovo odpuštění, musela být velmi hluboce dojata! Tak dlouho, jak dlouho si připomínala Ježíšovu lásku, nebyla schopna znovu zhřešit.

Protože Ježíš svou láskou odpustil ženě, která porušila Zákon, je tedy Zákon potud, pokud máme lásku k Bohu a ke svým bližním, překonaný? To zdaleka ne. Ježíš řekl: „*Nedomnívejte se, že jsem přišel zrušit Zákon nebo Proroky; nepřišel jsem zrušit, nýbrž naplnit*" (Matouš 5:17).

Protože máme Zákon, můžeme uskutečňovat Boží vůli dokonaleji. Pokud někdo jen řekne, že miluje Boha, nemůžeme změřit jak hluboká a široká jeho láska je. Nicméně, míra jeho lásky se dá prověřit, protože máme Zákon. Pokud skutečně miluje Boha celým svým srdcem, s určitostí dodrží Zákon. Pro takového člověka není obtížné dodržet Zákon. Navíc, do té míry, do jaké řádně dodržuje Zákon, obdrží Boží lásku a požehnání.

Avšak zákoníci doby Ježíše se nezajímali o Boží lásku obsaženou v Zákoně. Nezaměřovali se na to, aby učinili své srdce svatým, ale jen na dodržování formalit. Cítili se spokojeni a dokonce se dodržováním Zákona pyšnili navenek. Mysleli si, že dodržují Zákon, a tak neprodleně soudili a odsuzovali ty, kdo Zákon porušovali. Když Ježíš vysvětloval opravdový význam obsažený v Zákoně a vyučoval o Božím srdci, řekli Ježíšovi, že se mýlí a že je posedlý démonem.

Protože farizeové neměli žádnou lásku, důkladné dodržování Zákona jejich duším vůbec neprospělo (1 Korintským 13:1-3).

Nezavrhli zlo ve svém srdci, ale pouze vynášeli rozsudky a odsuzovali druhé, čímž se vzdálili od Boha. Nakonec se dopustili hříchu ukřižování Božího Syna, což se nedalo zvrátit.

Ježíš naplnil prozíravost kříže svou poslušností až do smrti

Před koncem své tříleté služby chvíli předtím, než začalo jeho utrpení, vyšel Ježíš na Olivovou horu. Jak se blížila noc, Ježíš se horlivě modlil, přičemž čelil svému ukřižování. Jeho modlitba byla bouřlivým protestem k záchraně všech duší skrze jeho krev, která je zcela nevinná. Byla to modlitba, která žádala sílu k překonání utrpení kříže. Modlil se velmi usilovně a jeho pot stékal v krůpějích krve na zem (Lukáš 22:42-44).

Té noci byl Ježíš zajat vojáky a brán z místa na místo, aby byl vyslýchán. Nakonec si u Pilátova soudu vyslechl rozsudek smrti. Než ho odvedli na místo popravy, dali mu římští vojáci na hlavu trnovou korunu, plivali na něj a bili ho po hlavě (Matouš 27:28-31).

Jeho tělo bylo pokryto krví. Celou noc se mu vysmívali a bičovali ho a s tímto tělem stoupal na Golgotu, přičemž nesl dřevěný kříž. Následoval ho veliký zástup. Kdysi ho vítali křikem: „Hosanna," ale nyní se proměnili v dav volající: „Na kříž s ním!" Ježíšova tvář byla k nerozeznání pokrytá krví. Všechnu svou sílu vyčerpal díky bolesti zakoušené mučením a každý další krok byl pro něj mimořádně obtížný.

Potom, co dosáhl Golgoty, byl Ježíš ukřižován, aby nás vykoupil z hříchů. Aby vykoupil nás, kteří jsme pod kletbou

Zákona, který říká, že mzdou hříchu je smrt (Římanům 6:23), byl pověšen na dřevěný kříž a prolil všechnu svou krev. Tím, že nesl trny na své hlavě, nám odpustil naše hříchy, kterých se dopouštíme ve svých myšlenkách. Ježíš byl přibit skrze své ruce a nohy, aby nám odpustil naše hříchy, kterých se dopouštíme svýma rukama a nohama.

Pošetilí lidé, kteří neznali tuto skutečnost, se Ježíši, který visel na kříži, vysmívali a pošklebovali (Lukáš 23:35-37). Ale i při mučivé bolesti se Ježíš modlil za odpuštění těm, kdo ho ukřižovali, jak je zaznamenáno v Lukáši 23:34: *„Otče, odpusť jim, vždyť nevědí, co činí."*

Ukřižování je jedním z nejkrutějších způsobů popravy. Odsouzený musí trpět bolestí relativně delší dobu, než je tomu u jiných druhů trestu. Ruce a nohy jsou probodnuty a tělo rozerváno. Dochází k těžké dehydrataci a narušení cirkulace krve. To způsobuje pomalý úpadek funkcí vnitřních orgánů. Popravovaný také musí trpět bolestmi pocházejícími od kousnutí hmyzu, který přiletěl, když ucítil pach krve.

Na co si myslíte, že Ježíš v tu chvíli na kříži myslel? Nebyla to mučivá bolest jeho těla. Namísto toho přemýšlel o důvodu, proč Bůh stvořil lidi, o významu tříbení člověka na této zemi a o důvodu, proč se musel obětovat jako oběť smíření za lidské hříchy. Za to předložil upřímnou modlitbu díků.

Potom, co Ježíš trpěl bolestmi po dobu šesti hodin na kříži, řekl: *„Žízním"* (Jan 19:28). Byla to duchovní žízeň, což je žízeň po získání duší, které jdou cestou smrti. Při pomyšlení na nesčetné duše, které budou žít na této zemi v budoucnu, nás požádal, abychom doručili poselství kříže a spasili ty duše.

Ježíš nakonec řekl: „*Dokonáno jest*" (Jan 19:30) a potom vydechl naposledy: „*Otče, do tvých rukou odevzdávám svého ducha*" (Lukáš 23:46). Svěřil svého ducha do Božích rukou, protože dokončil svou povinnost otevřít cestu ke spasení pro veškeré lidstvo tím, že se sám stane smírnou obětí. To byla chvíle, kdy byl naplněn skutek největší lásky.

Od té doby byla hradba z hříchů stojící mezi Bohem a námi stržena a nám bylo umožněno komunikovat s Bohem přímo. Předtím musel velekněz přinášet oběť za odpuštění hříchů jménem lidí, ale tak už tomu není. Každý, kdo věří v Ježíše Krista, může vstoupit do Boží svatyně a uctívat Boha přímo.

Ježíš s láskou připravuje nebeské příbytky

Dříve než na sebe vzal kříž, řekl Ježíš svým učedníkům o věcech příštích. Pověděl jim, že bude na sebe muset vzít kříž, aby naplnil prozíravost Boha Otce, ale učedníci si stále dělali starosti. Nyní jim objasnil nebeské příbytky, aby je utěšil.

Jan 14:1-3 říká: „*Vaše srdce ať se nechvěje úzkostí! Věříte v Boha, věřte i ve mne. V domě mého Otce je mnoho příbytků; kdyby tomu tak nebylo, řekl bych vám to. Jdu, abych vám připravil místo. A odejdu-li, abych vám připravil místo, opět přijdu a vezmu vás k sobě, abyste i vy byli, kde jsem já.*" Faktem je, že přemohl smrt, byl vzkříšen a před zraky mnoha lidí vystoupil na nebesa. A to, aby pro nás mohl připravit nebeské příbytky. Co tedy myslel tímto: ‚Jdu, abych vám připravil místo'?

1 Janův 2:2 říká: „*On je smírnou obětí za naše hříchy, a nejenom za naše, ale za hříchy celého světa.*" Jak je zde řečeno,

každý může získat nebe vírou, protože Ježíš zboural hradbu z hříchů mezi Bohem a námi.

Ježíš rovněž řekl: „V domě mého Otce je mnoho příbytků," a to vypovídá o tom, že chce, aby každý člověk získal spasení. Neřekl, že je ‚V nebi' mnoho příbytků, ale ‚V domě mého Otce', protože Boha můžeme nazývat: ‚Abba, Otče' skrze působení vzácné Ježíšovy krve.

Pán se za nás neustále přimlouvá. Horlivě se modlí před Božím trůnem, aniž by jedl nebo pil (Matouš 26:29). Modlí se, abychom dosáhli vítězství v tříbení člověka na této zemi a odhalili Boží slávu tím, že se naší duši bude dobře dařit.

Kromě toho, až se bude po skončení tříbení člověka konat veliký soud u bílého trůnu, stále bude působit v náš prospěch. U soudu bude každému udělen rozsudek bez nejmenší chybičky za všechno, co každý z nás udělal. Pán však bude zastáncem Božích dětí a bude prosit slovy: „Smyl jsem jejich hříchy svou krví," a tak mohou Boží děti získat lepší příbytek a odměny v nebi. Protože sestoupil dolů na tuto zemi a zakusil na vlastní kůži všechno, čím člověk v životě prochází, bude mluvit ve prospěch člověka a jednat jako jeho zastánce. Jak můžeme naplno porozumět této Kristově lásce?

Bůh nám dává vědět o své lásce k nám skrze svého jednorozeného Syna Ježíše Krista. Tato láska je láskou, kterou Ježíš nešetřil ani své poslední kapky krve za nás, hříšníky. Je to bezpodmínečná a neměnná láska, díky které by nám odpustil sedmdesát sedmkrát. Kdo nás může odloučit od takové lásky?

V Římanům 8:38-39 apoštol Pavel prohlašuje: *„Jsem jist, že ani smrt ani život, ani andělé ani mocnosti, ani přítomnost ani* *budoucnost, ani žádná moc, ani výšiny ani hlubiny, ani co jiného v celém tvorstvu nedokáže nás odloučit od lásky Boží, která je v Kristu Ježíši, našem Pánu."* Apoštol Pavel si uvědomil tuto Boží lásku a lásku Kristovu a zcela se vzdal svého vlastního života, aby uposlechl Boží vůli a žil jako apoštol. Navíc, nešetřil svého vlastního života, aby evangelizoval pohany. Uskutečňoval Boží lásku, která dovedla nesčetné duše na cestu spasení.

Ačkoliv byl nazván ‚vůdce nazorejské sekty', Pavel zasvětil celý svůj život životu kazatele evangelia. Do celého světa šířil lásku Boha a lásku Pána, která je širší a hlubší než jakákoli míra na světě.

Ve jménu našeho Pána Ježíše Krista se modlím, abyste se stali skutečnými Božími dětmi, které naplní Zákon láskou a budou navěky přebývat v nejkrásnějším nebeském příbytku novém Jeruzalémě, kde budou společně sdílet Boží a Kristovu lásku.

O autorovi:
Dr. Jaerock Lee

Dr. Jaerock Lee se narodil v roce 1943 v Muanu, v provincii Jeonnam, v Korejské republice. Ve svých dvaceti letech trpěl Dr. Lee po dobu sedmi let rozmanitými nevyléčitelnými chorobami a očekával smrt bez jakékoliv naděje na uzdravení. Nicméně, jednoho jarního dne v roce 1974 ho jeho sestra odvedla na církevní shromáždění, a když poklekl, aby se pomodlil, živý Bůh ho okamžitě uzdravil ze všech jeho nemocí.

Od chvíle, kdy se skrze tuto úžasnou zkušenost Dr. Lee setkal s živým Bohem, začal Boha upřímně milovat celým svým srdcem a v roce 1978 byl povolán k tomu, aby se stal Božím služebníkem. Vroucně se modlil a nesčetněkrát držel spolu s modlitbami půst, aby mohl jasně porozumět Boží vůli, cele ji vykonávat a být poslušný Božímu slovu. V roce 1982 založil v Soulu, v Jižní Koreji, církev Manmin Central Church, kde se od té doby konají nesčetné Boží skutky včetně nadpřirozených uzdravení, znamení a zázraků.

V roce 1986 byl Dr. Lee při výročním shromáždění církve Jesus' Sungkyul Church of Korea ustanoven pastorem a o čtyři roky později, v roce 1990, začala být jeho kázání vysílána v Austrálii, Rusku a na Filipínách. V krátké době se prostřednictvím rozhlasových stanic Far East Broadcasting Company, Asia Broadcast Station a Washington Christian Radio System vysílání rozšířilo do mnoha dalších zemí.

O tři roky později, v roce 1993, byla církev Manmin Central Church vybrána časopisem *Christian World* (USA) mezi „50 nejpřednějších církví na světě" a Dr. Lee obdržel od fakulty Christian Faith College na Floridě čestný doktorát z teologie. V roce 1996 získal za svou službu od semináře Kingsway Theological Seminary v Iowě titul Ph. D.

Od roku 1993 převzal Dr. Lee vedení světové misie prostřednictvím mnoha zahraničních cest do amerických měst Los Angeles, Baltimoru a New Yorku, dále na Havaj, do Tanzánie, Argentiny, Ugandy, Japonska, Pákistánu, Keni, na Filipíny, do Hondurasu, Indie, Ruska, Německa, Peru, Demokratické republiky Kongo a do Izraele.

V roce 2002 byl většinou křesťanských novin v Koreji kvůli své mocné službě na rozmanitých zahraničních kampaních oceněn jako „celosvětový evangelista." Obzvláště významná byla jeho ‚Kampaň v New Yorku 2006', která se konala v Madison Square Garden, nejznámější hale na světě. Událost se vysílala 220 národům a na své ‚Sjednocené kampani v Izraeli 2009' pořádané v ICC (International Convention Center) v Jeruzalémě statečně prohlašoval, že Ježíš Kristus je Mesiáš a Spasitel.

Jeho kázání se vysílají 176 národům přes satelit včetně GCN TV a v žebříčku se podle populárního ruského křesťanského časopisu *In Victory* a nové zpravodajské agentury *Christian Telegraph* za svou mocnou službu v oblasti TV vysílání a za svou zahraniční církevní pastorační službu umístil jako jeden z 10 nejvlivnějších křesťanských vůdců roku 2009 a 2010.

K červenci 2017 je církev Manmin Central Church kongregací s více než 130 000 členy. Má rovněž 11 000 poboček po celé zeměkouli včetně 56 domácích poboček a doposud vyslala více než 98 misionářů do 26 zemí včetně Spojených států, Ruska, Německa, Kanady, Japonska, Číny, Francie, Indie, Keni a mnoha dalších.

Ke dni vydání této knihy napsal Dr. Lee 110 knih včetně bestselerů *Ochutnání Věčného Života před Smrtí (Tasting Eternal Life before Death), Můj Život, Má Víra I & II (My Life My Faith I & II), Poselství Kříže (The Message of the Cross), Měřítko Víry (The Measure of Faith), Nebe I & II (Heaven I & II), Peklo (Hell) a Boží Moc (The Power of God)*. Jeho díla byla přeložena do více než 76 jazyků.

Jeho křesťanské sloupky se objevují v *Hankook Ilbo, JoongAng Daily, Chosun Ilbo, Dong-A Ilbo, Seoul Shinmun, Kyunghyang Shinmun, Hankyoreh Sinmun, Korea Economic Daily, Shisa News*, a v *Christian Press*.

Dr. Lee je v současné době vedoucím mnoha misionářských organizací a asociací. Jeho pozice zahrnují: předseda The United Holiness Church of Jesus Christ; stálý prezident The World Christianity Revival Mission Association; zakladatel & předseda výboru Global Christian Network (GCN); zakladatel & předseda výboru World Christian Doctors Network (WCDN); a zakladatel & předseda výboru Manmin International Seminary (MIS).

Další mocné knihy od stejného autora

Nebe I & II

Podrobný náčrt úžasného životního prostředí, z kterého se budou těšit nebeští občané a krásný popis různých úrovní nebeských království.

Poselství Kříže

Mocné poselství vyzývající k probuzení všechny lidi, kteří duchovně spí! V této knize najdete skutečnou Boží lásku a důvod, proč je Ježíš jediným Spasitelem.

Peklo

Vážné poselství celému lidstvu od Boha, který si přeje, aby ani jedna duše nepropadla do hloubek pekla! Objevíte nikdy předtím nezjevený popis kruté reality dolního podsvětí a pekla.

Duch, Duše a Tělo I & II

Průvodce, který nám umožní duchovní porozumění duchu, duši a tělu a pomůže nám objevit, jaký druh ‚já' jsme si vytvořili, abychom pak mohli získat moc porazit temnotu a stát se člověkem ducha.

Měřítko Víry

Jaký nebeský příbytek, koruna a odměna jsou pro vás připraveny v nebi? Tato kniha vám poskytne moudrost a vedení, abyste dokázali změřit svou víru, co nejlépe ji tříbit a dozrát v ní.

Probuď se, Izraeli!

Proč Bůh od počátku tohoto světa až do dnešního dne upírá své oči právě na Izrael? Jakou prozíravost v posledních dnech připravil pro Izrael, který stále očekává Mesiáše?

Můj Život, Má Víra I & II

Nejvoňavější duchovní vůně vytažená z života, který vykvetl z nepřekonatelné Boží lásky uprostřed temných vln, chladného jha a nejhlubšího zoufalství.

Boží Moc

Četba, která slouží jako nepostradatelný průvodce, díky němuž můžete získat opravdovou víru a zažít úžasnou Boží moc.

www.urimbooks.com

www.ingramcontent.com/pod-product-compliance
Lightning Source LLC
LaVergne TN
LVHW041808060526
838201LV00046B/1171